武则天的
世界

胡明曌　尹君　胡戟　著

中华书局

图书在版编目（CIP）数据

武则天的世界/胡明曌，尹君，胡戟著. - 北京：中华书局，
2012. 10
ISBN 978 - 7 - 101 - 08352 - 1

Ⅰ.武…　Ⅱ.①胡…②尹…③胡…　Ⅲ.武则天（624～705）
- 人物研究　Ⅳ. K827 = 42

中国版本图书馆 CIP 数据核字（2011）第 234667 号

书　　名	武则天的世界
著　　者	胡明曌　尹君　胡戟
责任编辑	娄建勇
出版发行	中华书局
	（北京市丰台区太平桥西里 38 号　100073）
	http://www.zhbc.com.cn
	E - mail：zhbc@ zhbc.com.cn
印　　刷	北京瑞古冠中印刷厂
版　　次	2012 年 10 月北京第 1 版
	2012 年 10 月北京第 1 次印刷
规　　格	开本/710 × 1000 毫米　1/16
	印张 13¾　插页 10　字数 160 千字
印　　数	1 - 8000 册
国际书号	ISBN 978 - 7 - 101 - 08352 - 1
定　　价	26.00 元

序　言

　　武则天做了中国历史上唯一的一位女皇帝——大周皇帝,仅这一条就使她备受瞩目。在正史中,她独一无二地同时占据了"本纪"和"列传"两席之地①。近 30 部关于她的传记,除了在大陆和港台出版,还在日本、新加坡和英国出版。可以说,作为一个在政治史和女权史上有影响的人物,她受到全世界的关注。她一生的成功和失败,她的聪明和诡谲,她的关爱和冷酷,她的谨慎和放荡,无不耐人寻味;而史料的缺失和隐讳,又使她身处浓浓的历史迷雾中,让人难窥她的真面目。更兼人们各持不同的政治的、道德的价值判断标准,所以自古迄今一直对她有着截然不同的评价。

　　她明明革唐之命建立了大周王朝,可唐史上并没将她列入叛臣传,正史仍把她当政在位的那一段归入唐代历史,连被她废黜的唐中宗皇帝,复位后仍尊她为"则天大顺皇帝",后又加尊号"顺天"。自她死后到唐玄宗时定谥"则天顺圣皇后",都是顺而不是逆。唐中宗承认自己"承母禅,周唐一统"(《新唐书·宗楚客传》),是武则天的法定继承人,也就承认了武则天的合法地位。唐王朝历来都计为 290 年,加入了武周的 14 年(690—705)。史官们无论怎样不喜欢她,骂她"牝鸡司晨"、"夺攘神器",都不能改变这顺逆的基本评价。

　　她的人生色彩斑斓,丰富到了令人目不暇接,甚至可以说是到了光怪陆离,令人难以置信的地步:

---

　　① 《新唐书》卷 4 有《则天顺圣武皇后本纪》,卷 76 有《则天武皇后列传》。这种安排,在"二十四史"之中为仅见的一例。

她入了唐太宗后宫，却敢在老皇帝的病榻旁同皇太子调情，对自己成为父子两代皇帝妻妾的经历，毫不遮掩地宣扬为"事同政君"；

她专恣的脾性，让第二任性格素称懦弱的丈夫唐高宗也动了废她的念头，可转瞬之间就能让皇帝回心转意，撕毁了废她皇后位的诏书；

她杀了撺掇皇帝废黜她的上官仪及其子上官庭芝，却让从小和母亲一起没入宫中的上官仪的孙女、上官庭芝的女儿上官婉儿成才，且能不记家庭的血海深仇，甘当武则天的心腹秘书；

她毫不迟疑地杀了身为"受遗老臣"的"唐忠臣"裴炎，而被她尊为"国老"的狄仁杰等又一批"唐朝老臣"，却在她的悉心保护下逃脱酷吏的罗织，成为则天朝的栋梁；

她用科举考试和各种破格的办法拔擢官员，一时命官猥多，车载斗量，称为滥选，可"开元名相"姚崇、宋璟从中脱颖而出，"累朝赖多士之用"（《陆宣公集》卷17《请许台省长官举荐属吏状》）；

她不在乎身陷"淫刑之主"的千古骂名，放手让周兴、来俊臣等数十酷吏大搞恐怖政治，一旦政权稳固，便收拾这两名臭名昭著的大酷吏，一个被"请君入瓮"，一个被"弃市"，丧命西市大柳树下；她还在生前平反了包括王皇后、长孙无忌在内的所有冤案，自己前往嵩山投金简，"乞三官九府除武曌罪名"（引自张文彬《武则天的生平事业》,《武则天与乾陵》,三秦出版社1986年）；

她的两个女儿，长女被她亲手扼杀，对小女儿太平公主她却百般惯宠，使太平公主权势和野心一起膨胀，差一点成为武则天二世；

她的四个儿子，废的废，杀的杀，连他们的儿子——武则天的孙子——一道，关的关，打的打，全无一个慈爱的母亲和祖母的样子，可最后，还是将老三李显从流放地召回，复立为太子，还政于李家。复位的唐中宗与她宿怨全释，下诏不许言"中兴"。武则天死后，唐中宗亲自从洛阳扶柩回长安，力排众议，打开乾陵，将母亲与父亲合葬，于是中国有了唯一的一座两位皇帝（夫妇）的合葬墓——乾陵，武则天也有了无字碑；

　　修《旧唐书》的史官,尽管咒骂她奸人妒妇,龙漦虁魖,却又在"然"字后作文章,不得不承认她"又泛延谠议,时礼正人,初虽牝鸡司晨,终能复子明辟,飞语辩元忠之罪,善言慰仁杰之心,尊时宪而抑幸臣,听忠言而诛酷吏。有旨哉,有旨哉!"(《旧唐书·则天皇后纪》)

　　武则天的政治道路和她个人的品性人格真是极耐人寻味。虽然已经有了《本纪》加《列传》,还有 30 来本多种文字的传记,10 来部影视剧,但她还将永远是一个说不完的武则天。从 1964 年的大学毕业论文以来,她一直是我乐此不疲的一个题目。正因为"历史的迷雾和那段本来就充满神奇和神秘色彩的历史,使我们今天已实在难明其真面目"(《武则天本传》,陕西师范大学出版社 1998 年),才又有我从 23 岁开始,到 65 岁的与本书两位作者和读者们的再度探讨。不过我只是提供了以往的研究,和他们讨论,撰写主要由他们完成了。

胡　戟

2007.1.28 于陕西师范大学三过书屋

第一章

初涉深宫院——武则天与唐太宗

武则天之所以成为一位受人关注的历史人物，一个历千年而不衰的话题，原因只有一个，她是中国历史上唯一的女皇。

在男尊女卑封建礼教层层封锁的中国古代社会，从一个出身官宦人家的普通女子，到一代女皇，这自然不是一条平坦的道路。武则天之所以能一步一步直达龙位，除去她本身所具有的素养、胆识和才干外，很重要的一个原因是历史给她提供了机缘。其中最关键的一步，自然是

武则天像

有人把她引入宫中，给她提供了接近皇帝、窥伺皇位的机会。这个人就是大唐王朝有"一代明君"之誉的唐太宗李世民。正是唐太宗于贞观十一年(637)下诏把14岁少女武则天召入宫中，留在自己身边当才人，才使武则天有了第一次入宫长达12年的人生经历，也使她深切体验了在刀光剑影中运作最高权力的宫廷斗争。

武则天的身世

武则天被送入宫与她的家庭出身很有关系。武则天生于公元624年2月17日，即唐高祖武德七年正月二十三，这生年是据老一辈的唐史大家汪篯教授纠正郭沫若的研究而定的，生日是据广元的传说而定的。她父亲武士彟（577—635），官拜正三品工部尚书，封应国公；母亲杨氏（579—670），出身名门，其父杨达是隋朝宗室宰相。武家是大唐京城长安的一个达官贵人家庭。

武士彟先世的情况，唐以前的史书都没有记载，武则天朝以后的材料，包括长安元年（701）武则天在皇帝位上敕立的《攀龙台碑》在内，多虚假溢美之辞。唯《太原事迹》（《太平广记》卷137《武士彟》）中透露了一点武士彟起家的真实情况。文中说武士彟：

> 太原文水县人，微时，与邑人许文宝，以鬻材为事。常聚材木数万茎，一旦化为丛林森茂，因致大富……及高祖起义兵，以铠胄从入关，故乡人云："士彟以鬻材之故，果逢构夏之秋。"

另外，敦煌卷子《〈大云经〉神皇受记义疏》中谓武氏先世之姓氏为北方羽姓，有学者认为："此即史传所谓北朝胡姓也。"按此推论武则天先世"亦

隋炀帝像

即北朝时有汉族以外血统之家庭"(《武则天先世来源之推测》,《中华文史论丛》1987 年第 2、3 期合刊)。若联系旧题柳宗元撰的《龙城录》里关于武则天高祖武居常相貌的描写:"人呼为'猴颊郎',以居常颐下有须若猿颔也",是满脸多胡须的长相,武则天的先祖是否属于北方少数民族,的确成为一个历史之谜。但无论是哪个民族,从政治地位和经济状况看,其先世殆非显赫之家。

武家的发迹始于武士彟一代。他长兄武士棱"勤于稼穑",在家务农,是武氏原为务农之家的证据。入唐后,武士棱官拜司农少卿,"常居苑中,委以农圃之事"(《旧唐书·武士彟传附士棱传》),朝廷用其所长,和武士彟经营过木材便做了工部尚书一样,算"专业对口"吧。

早年武士彟曾走过镇守太原的汉王杨谅引荐的门路。这汉王是隋文帝的第四子,与二哥隋炀帝是亲兄弟。隋文帝死,汉王起兵争位失败,武士彟避祸亡匿,后改做木材生意,武家这才致富。武士彟抓住隋炀帝大业年间到处大兴土木的机会,经商致富。有了钱,又托门路,在隋末弄了个晋阳宫留守司铠参军的职务,官虽小,也算步入了仕途,因此有机会结识了后来成为李唐开国皇帝的李渊。

唐高祖像

隋大业十一年(615),李渊出任山西河东慰抚大使,翌年为太原留守,武士彟随之参与征讨历山飞等反隋武装,"行军于汾、晋,休止其家,因蒙顾接"(《旧唐书·武士彟传》)。武士彟"尝夜行,闻有称'唐公为天子'者,登遣寻索,了无其人。又梦从高祖乘马登天,俱以手扪日月,于是具以状白,并献所撰兵书",即 30 卷的《古今兵要》(李峤《攀龙台碑》,又见《册府元龟》卷21《帝王部·征应》）。李渊晋阳起兵后，授武士彟为中郎将兼司铠参军。霍邑之役，得封爵寿阳县公。从平京城，升为光禄大夫，封太原郡公，赐宅一区，钱三百万，彩五千段。唐武德元年（618）八月六日唐王朝下诏表彰16名"太原元谋勋效者"，武士彟位居第十二，俨然跻身于太原元从功臣之列（《唐会要》卷45《功臣》）。

事实上，武士彟在晋阳起兵前态度是骑墙的。他一方面，"尝阴劝高祖举兵，自进兵书及符瑞"（《旧唐书·武士彟传》），同时又受到隋炀帝派来监视李渊的副留守王威、高君雅的信任。当时李渊借口讨伐刘武周，任用避役亡命在太原的长孙顺德、刘弘基募兵，王威、高君雅看出事情可疑，私下和武士彟商量追究。士彟以"此并唐公客也，若尔，便大纷纭"，劝阻了王、高。李渊得天下后，武士彟讨好新皇帝说："尝梦高祖入西京，升为天子。"被李渊奚落了一顿："汝王威之党也。以汝能谏止弘基等，微心可录，故加酬效；今见事成，乃说迂诞而取媚也。"（同上）李渊对武士彟的两面派嘴脸，是早有认识和察觉的，晋阳密谋起兵之事，李渊就没让武士彟参与，因而武士彟的元从功臣身份，招致一些史家的怀疑。王鸣盛在其所著的《十七史商榷》卷86《武士彟应入外戚》中就指出："士彟之于高祖，不过旧故承恩泽耳，何足以言功臣？"宋德熹也认为"王氏此说诚是"，指出武士彟此种不切实际的功绩八成是假，"生平事迹和家世不免造假虚美"，他怀疑这是武则天时期的媚臣许敬宗窜改《高祖实录》所致（《唐武士彟事迹辨正》，台湾《食货复刊》11卷—11、12）。

但李渊与武士彟确也有些老交情，是不可否认的事实。李渊曾出入于文水武士彟家，后来武士彟又作为行军司铠参军，一同进军长安，所以，高祖李渊一直待他不薄。尽管武士彟没有什么可以夸耀的戡难功劳，仍以故旧承恩泽，忝名功臣。唐朝建立以后，武士彟的表现更是让唐皇室满意非常，唐高祖敕书中有话："此人忠节有余，去年儿夭，今日妇亡，相去非遥，未尝言及，遗身殉国，举无与比。"（《册府元龟》卷627《环卫部·忠节》）于是，在武士彟丧偶后，唐高祖亲自做媒，为他续弦。武士彟原配夫人相里氏大约在武德三年(620)过世。唐高祖为他择定小他两岁的杨氏,命杨氏堂弟杨师道的新夫人桂阳公主为婚主,撮合了这门孕生武则天的婚事(见《顺陵碑》,即《大周无上孝明皇后碑》,载《全唐文》卷239)。

武则天的生母杨氏出身隋代名门,其父杨达是隋文帝族子、观德王杨雄的小弟,杨素盛赞这位后来成为武则天外公的杨达"有君子之貌,兼君子之心",是个杰出人才。杨达曾参与隋文帝和独孤皇后陵墓的营建,又以纳言领营东都副监,于大业中死于征辽军中。

时过境迁,随着隋王朝的灭亡,这宗室名门之家的状况大不如前。高龄晚婚的杨氏成为武士彟继室,此时她年已四十二三岁,仍为武士彟生下三个女儿,武则天排行第二。

虽然武则天外祖父家是关中军事贵族的重要成员,杨家自己还附会是高等士族弘农杨氏,但当时的门第是按父亲的出身而论。武士彟的出身不过是一个经营木材致富的农家。后来他作为开国功臣,官居三品,爵封三等,以"今日冠冕"而论,可以跻身士族,但唐太宗贞观十二年(638)修订的《氏族志》并"不叙武氏本望"(《资治通鉴》卷200),而是按传统的门阀标准,把武则天家族排斥在外。所以突厥人称"武,小姓",是有根据的。武则天为女皇时,默啜可汗之女竟拒绝嫁武则天的侄孙武延秀,斥武家"罔冒为婚"(《唐会要》卷94《北突厥》),认为非士族旧门的武姓王爷,不配与可汗攀亲。骆宾王的《讨

唐顺陵(武则天之母杨氏墓)石翁仲

武曌檄》指斥武则天"地实寒微",自然也并非滥言。武则天这种"地实寒微"的出身门第,成为当时反武人群的一个重要借口,也是几十年后武则天一掌权,便急不可耐地为提高自己声价而修改《氏族志》为《姓氏录》的缘由。

武则天的这种独特的家庭出身,对武则天性格的形成和一生的奋斗历程影响巨大。孩童时期,家庭宦游于上流社会的荣华富贵,滋养了她高傲不驯、争强好胜的个性和不断膨胀的权势欲;而先祖沉迹于下层民间的寒门根底,又使她在宫廷斗争和官场运作中饱受流俗的鄙视和政敌的攻击。她渐渐明白,像她这样出身寒门新贵之人,在一个还残存极重阀阅观念的门阀社会里,人生道路的每一步发展,都必然布满障碍和风险。这境遇刺激着武则天,鼓励着武则天一生猛烈地冲击门阀旧制,为此,她一次又一次地挑战最高权力地位,最终破天荒做了女皇帝。

"则天"之名的传说

武则天的童年时代应是在平顺安乐的环境中度过的。像许多官宦人家的千金一样,那一定是一个快乐无忧的时期。武则天最早的名字叫什么? 则天的称谓起于何时? 这是一个至今谁也说不清楚的事情。但一个流传很广的关于武则天幼小时期的故事,却使我们自然地与她后来称"则天"的名字联系在一起。

这个故事记载了唐初相术师袁天纲为武士彠一家看相的情节:

　　袁天纲,益州人,尤精相术。贞观初,敕召赴京,途经利州。时武士彠为刺史,使相其妻杨氏。天纲曰:"夫人骨法,必生贵子。"乃遍召诸子令相之,见元庆、元爽,曰:"可至刺史,终亦迍否。"见韩国夫人曰:"此女大贵,然亦不利。"则天时衣男子服,乳母抱出,天纲大惊曰:"此郎君神采奥澈,不易可知。"试令行,天纲

曰："龙睛凤颈,贵之极也。"转侧视之:"若是女,当为天子。"(《大唐新语》卷 13)

这段被描写得极为细致的相术之语,被后来发生的事——验证,再高明的相术怕也不会精确到如此程度,显然是时人为辩护武则天生即"当为天子"而编造的无稽之谈。但是,我们顺着这编造的情节再往下想,一个有关武则天名字的情节就会自然而生。迷信相术的武士彟闻小女日后会成为天子,不免又惊又喜。想到女儿日后要主宰天下,会不会就为她取名叫则天呢?"则天"出自《论语·泰伯》篇中的一句话:"唯天为大,唯尧则之。"在孔子看来只有天是最高大的,而只有尧才能法天。是不是小小的武则天因而便有了"则天"这个名字? ——自然这是一种假设而已。且这种假设不无危险,普通女孩用这个名字是要杀头的。在我们没有别的名字可用时,就让我们从小就叫她小武则天吧。

不过,倒是在武则天孩童时代生活的地方利州,即今四川广元,留下了永久的记忆。

在全国现存的有关武则天的文物古迹中,建于嘉陵江畔的四川广元市郊的皇泽寺,对于研究考证武则天曲折多变、绚丽多彩的一生,具有独特的意义。因为在这里,不仅留下了孩童时代武则天的芳踪逸闻,而且伴随着日夜奔流的嘉陵江水,广元人民心上,永远流淌着怀念推崇武则天女皇的情意。

武则天与广元的山山水水结缘,是从贞观二年(628)正月,其父武士彟由豫州都督被唐王室紧急调动改任利州都督,举家迁往广元开始的,那年她刚刚 3 岁。

武士彟由豫州都督改任利州都督是有很深刻的社会背景的。其一,武士彟随李渊军进入长安后,初任库部郎中,从五品官,还只是管兵甲器仗的军需官。在此期间,他恪守其职,表现了对唐王室的忠诚。唐武德元年(618)擢升府兵将领。在任并钺将军时,儿子病殁,他没顾

唐太宗像

　　从种种迹象看，武则天可能并没有得到唐太宗的宠幸，但正是他，将武则天选入宫中，也在不经意间充当了武则天的老师。从武则天执政时的政策，我们可以明显看到贞观遗风。

皇泽寺内景

　　贞观二年（628），年仅4岁的武则天随其父武士彟来到四川广元，直到贞观五年离开，整整住了5年。皇泽寺很有可能就是武士彟在广元任职时所建。寺内主殿则天殿供养着武则天的石雕描金塑像，既体现了广元人民对女皇武则天的感情，也表现了武则天与佛教的密切关系。

四川广元皇泽寺

上照应。检校右厢宿卫时，发妻相里氏病危，他竟未请假照看。武士
彠对唐王室的忠心尽职，赢得了唐王室的信任嘉奖，被擢升为三品工
部尚书，封应国公。他的第一个妻子相里氏去世后，唐高祖李渊为其
求偶。武士彠娶杨氏后，由于杨家身份关系，也就和李唐王室攀上远
亲。如果以已嫁于杨氏堂弟杨师道的桂阳公主论起来，武士彠便是唐
高祖女婿的堂妹夫。这一层亲戚关系，拉近了武士彠与唐王室的距
离，为其屡次在关键时被委以重任奠定了基础。

　　更直接的原因是与两个突发事件有关。唐武德七年（624）三月，
唐宗室名将李孝恭平辅公祏后就任扬州大都督，李靖为府长史。后李
孝恭被告谋反，召还京师问罪。次年李靖统江淮兵北御突厥，改任安
州大都督。唐高祖命武士彠以本官检校扬州大都督府长史，紧急驰驿
赴任。在扬州年余，太宗继位，武士彠被征入朝，改任豫州都督。贞观
元年（627）正月，李艺（即隋唐间名将罗艺）在泾州反，其弟利州都督罗
寿连坐被诛。是年十二月，新任利州都督义安王李孝常在长安密谋宫
廷政变，事情败露后被诛杀。接连两任利州都督谋反，引起了唐王室
的高度警觉，不能不防范利州即广元这蜀门重镇还会有叛军余党活

动。情急之中,武士彟这位与唐王室沾亲、又一向忠诚可嘉的豫州都督便成了出任利州都督的最佳人选。

武士彟从贞观二年任利州都督到广元,至贞观五年十二月改任荆州都督离开广元,武氏一家在广元整整住了 4 年。离开广元时,武则天已由一个 4 岁的幼童成长为一个 8 岁的活泼少女。

武则天随父到荆州的第四年,武家的命运发生了根本的转变。贞观九年(635)武士彟病死在荆州都督任上。这一年武则天刚刚 12 岁。其父死后,武则天与她的母亲杨氏及两个姐姐失去了依靠。武士彟前妻相里氏所生的两个儿子武元庆、武元爽和他们的叔伯兄弟武惟良、武怀运等对武则天母女刻薄无礼,使孤立无援的武则天母女饱受欺凌,日子过得很不顺心。

值得庆幸的是,母亲有两个本家堂妹或侄女在宫中为嫔妃。一个是隋炀帝之女,为唐太宗生下第三子吴王恪;另一个杨妃原是太宗的四弟齐王李元吉的王妃,玄武门兵变,李元吉被杀死,李世民见杨妃长得美貌,将这位弟媳纳入自己后宫,这是一件后来很为人诟病的丑事,可她为唐太宗生下第十四子曹王李明,并有诏令命他继巢刺王元吉后,接了他母亲前夫的香火。两位杨妃都得到唐太宗宠幸。出于亲戚

广元皇泽寺大佛殿

关系，她们可能不时对武则天母女有所接济。也应是她们使唐太宗得知武士彠有个貌美的女儿，在唐太宗和武则天之间拉牵了一条红线。

太宗"才人"武媚娘

武则天第一次入宫的经过是：贞观十年（636）元月，唐太宗的结发妻子贤慧的长孙皇后在宫中去世。长孙皇后是一位世人称颂的贤良国母。她自大业九年（613）13 岁嫁到李家，与丈夫李世民一起历经晋阳起兵和玄武门兵变的风风雨雨。太宗即位后，长孙氏被立为皇后。在与唐太宗共同生活的 23 年中，长孙皇后以自己贤

唐太宗像

良的品性、卓越的才华，辅佐唐太宗，共同开创了兴盛一时的贞观之治。睿智大度的长孙皇后一生受到唐太宗的信任和尊重。长孙皇后的不幸早逝对于唐太宗无疑是一个沉重的打击，使他陷入深深的哀痛之中。

唐太宗的这种孤寂哀伤之情触动了一位杨妃的心思。为了取悦皇上，为皇帝排愁解闷，杨妃向太宗进言从民间选几个美女充实后宫，并推荐了自己的表亲——已故荆州都督武士彠之女武则天。

长孙皇后死后的第二年，贞观十一年（637），武则天应召入宫，被立为才人。这一年武则天年仅 14 岁。临离家时，她的母亲杨氏悲痛欲绝，"恸泣与诀"。然而，小小年纪的武则天却表现出异乎寻常的平

静和坦然,如史书记载:"后独自如,曰:'见天子庸知非福,何儿女悲乎?'"(《新唐书·则天武皇后传》)

一个年仅14岁的少女,面对离家别母,却无半点哀伤,昂首走向一般人趋避不及的深宫,武则天这种异乎寻常的表现,也许令许多人不解。其实,只要了解武则天自小形成的聪明、要强、好胜、诡变的性格,了解她当时的处境,就不会感到奇怪了。她所表现的这种平静和坦然,恰恰是她当时复杂而微妙心境的自然流露。

首先是她对宫廷生活的向往。武则天生在官宦人家,又自幼喜欢读书,对宫廷的富丽、豪华、神秘、威严,早有所闻,何况,她还有个表亲在宫中为妃受宠,在与杨妃交往中,更增加了她对宫廷生活的了解。如今,她就要应召入宫,成为这宫中的一员,面对这命运之神的突然降临,她的心中焉能不掀动起阵阵喜悦的波澜?

其次是她对唐太宗的崇拜和仰慕。武则天生活在唐太宗开创的贞观盛世,其父武士彟又是与唐王朝李氏家族有亲戚关系的朝廷重臣。在这样的家庭环境中,武士彟和妻女在日常谈话中赞誉当今皇上的明达睿智神圣不凡,是很自然的事。久而久之,唐太宗作为当今皇上高大、威武、神圣的形象便深深地注入了武则天的心灵。如今,武则天就要走近她仰慕的当今皇上,有机会从此相伴在君侧,她焉能不感到意外和激动?

再次是她急于挣脱在家中备受异母兄长们歧视的困境。争强好胜不服输的性格决定她永不会安于现状,更何况是这种无异于寄人篱下的困境。既然命运之神给了她出人头地的机会,她当然要抓住这个机会,一搏到底了。

就这样,武则天怀着憧憬和兴奋步入深宫,由民间进到皇家,被唐太宗封为才人,从这开始,她用52年时间,走完一步一步攀登皇室最高权位的漫漫长路。

武则天入宫时芳龄14岁,豆蔻年华,唐太宗是闻听武则天"美容止,召入宫,立为才人"的(《旧唐书·则天皇后纪》)。武则天初入宫时,可能是很得唐太宗好感的。有一种说法,唐太宗起初特别喜欢武则天的娇美妩媚,曾亲口唤她"媚娘"。从此,武媚娘这个御赐芳名也不胫而走,传遍宫中。只是这个媚娘的爱称给武则天带来的欢悦和荣耀,却如空中划过的一道流星,眩目,却那么短暂。唐太宗对她很快表现出冷淡和漠视,使她入宫时流动在心头的种种美妙的期待和憧憬,一个一个地离她而去。

唐代初期,后宫里皇后以下有四妃、九嫔、婕妤、美人、才人和宝林、御女、采女。才人职掌"序燕寝,理丝枲"等杂事,实际是一个伺候皇上的卑微角色。武则天越来越感受到作为一个在皇后和众多妃嫔之下的小小五品"才人"的尴尬。

有关武则天做唐太宗才人的事迹,史书记载很少。只有一个故事说明她作强出头的挣扎:

> 太宗有骏马曰"师子骢",极猛悍,太宗亲控驭之,不能驯。则天时侍侧曰:"惟妾能制之。"太宗问其术,对曰:"妾有三物,始则捶以铁鞭,不服,则击以铁挝,又不服,则以匕首断其喉耳。"

不知这个故事是否属实,如确有其事,那无疑表现了武则天性格中刚烈凶残的一面,一个14岁的女孩子,竟有如此铁石心肠,凶狠手段,令人瞠目。唐太宗也惊愕不已。也许从这时起,武则天这个徒有妩媚的外表却心狠手辣的女子,在唐太宗那里,失去了恩宠。

事实也告诉我们,武则天做唐太宗才人期间,并未得到唐太宗的真正宠幸。唐太宗后妃成群,自然子孙多多,长孙皇后和后宫嫔妃十余人共给他生了14个儿子21个女儿,享年仅50周岁的唐太宗晚年仍不断得子。而武则天呢,她成为唐高宗皇后以后在最初的两个年头里连生三个孩子,从这生育情况看,她也是颇能生养的。但是她任太宗才人12年,却没有生育;才人身份在长达12年里也始终未能前进一步。这两点足以证明,武则天在唐太宗后宫是很不得宠的。因此不难想象,这期间她在宫中的生活是孤独冷清的,她的心情也是寂寞凄凉的。

在太宗后宫,武则天不仅没有得到皇帝的宠幸,而且险遭不测,一个荒诞不经的政治事件,几乎使她陷入灭顶之灾。这便是发生在贞观二十二年(648)的李君羡事件。

李君羡,洺州武安人,隋唐间名将。他早年为李密部下,后为王世充的骠骑,因厌恶王世充的为人,率其所属投奔唐高祖,授轻车都尉。李世民引为左右。在破宋金刚、王世充、窦建德、刘黑闼等的一系列战斗中,李君羡"所向必是登摧其锋",屡建奇功。唐太宗曾亲口赞扬他:"使皆如君羡者,虏何足忧?"并封李君羡为左武卫将军、武连县公,直玄武门,掌北门宿卫。就这样一位功绩卓著的心腹重臣,只因一个小名,便无辜惨死在太宗诏下。

事情是这样的:贞观初年,当时不只一次地在白昼天空中出现太白星。太史对这一星相的解释是"女主昌"的征兆。当时,民间流传着一本叫《秘记》的书,说:"唐三世之后,女主武王代有天下。"对此,唐太

唐太宗主明臣直(明《帝鉴图说》)

宗心中疑惑。有一天唐太宗在宫中设宴款待武将，行酒令，让各人报出自己的乳名。君羡自报"五娘"，唐太宗愕然，当时笑他："何物女子，乃尔勇健！"宴会罢散后，唐太宗忽然想起李君羡的小名、官称、封邑的五娘、武卫、武连，乃至宿值玄武门，都有一武（五）字，莫非"女主武王代有天下"的流言就应在他身上！此念一出，唐太宗当机立断，免了他典禁兵的军职，外放华州刺史。后来李君羡又与一个自称通晓佛法、能不食人间烟火的员道信来往，被御史劾奏为与妖人交通，图谋不轨，给唐太宗提供了除灭李君羡、以绝后患的一个借口。唐太宗在贞观二十二年（648）七月下诏将李君羡处死。一代猛将就这样无端地死于不白之冤。后人在评论这类事件时说：

> 岂有天子杀无罪而不得罪于天者？上失其道，途之人皆敌国也，天下豪杰其可胜既乎？汉景帝以鞅鞅而杀周亚夫，曹操以名重而杀孔融，晋文帝以卧龙而杀稽康……齐后主以谣言而杀斛律光，唐太宗以谶而杀李君羡，武后以谣言而杀裴炎，世皆以为非也。此八人者，当时之虑岂非忧国备乱，与忧元海、禄山者同乎？久矣，世之以成败为是非也！（《东坡志林·卷5·论古》）

"狡兔死，走狗烹"，在涉及皇帝的权位和利益的事件上是很难用常理去论断是非的。

李君羡死后，唐太宗仍不放心，又召宫中太史令李淳风商量，以解谶言：

> 上密问太史令李淳风："《秘记》所云，信有之乎？"对曰："臣仰稽天象，俯察历数，其人已在陛下宫中，为亲属，自今不过三十年，当王天下，杀唐子孙殆尽，其兆既成矣。"上曰："疑似者尽杀之，何如？"对曰："天之所命，人不能违也。王者不死，徒多杀无辜。且自今以往三十年，其人已老，庶几颇有慈心，为祸或

"昭陵六骏"之飒露紫

浅,今借使得而杀之,天或生壮者肆其怨毒,恐陛下子孙,无遗
类矣!"上乃止。

这段记叙详细的故事,出自《资治通鉴》的记载,《太平广记》把这一故
事演绎得更加具体,酿祸之人直指后宫:

> 武后之召入宫,李淳风奏云:"后宫有天子气。"太宗召宫人阅
> 之,令百人为一队,问淳风。淳风云:"在某队中。"太宗又分为二
> 队,淳风云:"在某队中,请陛下自拣择。"太宗不识,欲尽杀之。淳
> 风谏不可:"陛下若留,虽皇祚暂缺,而社稷延长;陛下若杀之,当
> 变为男子,即损灭皇族无遗矣。"太宗遂止。

上述这一离奇故事,已难考证是否属实,因为不能排除是后人在
借李淳风之名,造武则天称帝合天意的舆论,但李君羡因谶言而遭诛
杀冤死,是史书载明的事实。而且过了 42 年,武则天登上皇位后,李

君羡家属诣阙称冤,武则天于天授二年(691)二月下诏为其平反,复其官爵,命以礼改葬。从这一事件中,也不难看出,当时武则天在后宫确实处于极不起眼的地位,倘若她那时便处于三妃、九嫔的耀眼地位,凭她的武姓,太宗便不难察出谶言所指。那么一来,武则天的命运和唐代历史将是另一个样子了。

武则天美貌、聪明,可她为什么没有得到唐太宗的宠幸呢?除去我们在上面提到的那个"铁鞭驯马"的故事外,是否还有别的原因?回答是肯定的。在诸多原因中一个很重要的原因是唐太宗至死难以排遣的对长孙皇后的怀念之情。

长孙皇后逝世后,唐太宗加其谥号为"文德",并为她在昭陵刻石立碑,亲自写了表彰文字,历数长孙皇后的种种功德,以示悼念。在之后的十几年里,唐太宗再未立后,皇后的位置始终空着,追思怀念之情,昭然若揭。

还有一个原因便是在武则天入宫以后,唐太宗又得新欢。此人姓徐名惠,比武则天小3岁,不仅相貌美艳,而且聪慧贤达,文才过人,《全唐诗》卷5收有她的作品,并明载:"妃名惠,湖州长城人。生五月

唐太宗昭陵祭坛

能言,四岁通论语诗,八岁自晓属文,辞致赡蔚,又无淹思。"贞观二十二年(648),她长篇进言,历数战辽海、营翠微等弊政,"伏愿抑志裁心,慎终如始,削轻过以添重德,循今是以替前非"(《旧唐书·贤妃徐氏传》)。从书中所记,不难看出,此女大有长孙皇后遗风,太宗焉能不加倍爱之! 对长孙皇后无尽的怀念,对徐妃加倍的怜爱,唐太宗的心里哪里还能容得下别的女人? 徐氏比武则天晚大约3年进宫时也是才人,不过几年就拜婕妤,再迁充容,唐太宗去世,她一病不起,死后赠贤妃,由四品而三品、二品、一品。武则天被长久地淹没在这众多的嫔妃之中也就是可以理解的事了。

　　贞观二十三年(649)五月,唐太宗因病走到了人生的尽头,他极不情愿地把权力交给不能让他放心的太子李治后撒手人寰,到天国永远地陪伴他的爱妻长孙皇后去了。随之,武则天作为才人的半幽禁生活也熬到了尽头。但是,命运仿佛在有意磨炼她一样,按照唐代皇室制度,武则天和后宫许多没有生养的内官们一起,被发落到感业寺为尼。

武皇政治与太宗遗风

　　随着唐太宗的驾崩,唐太宗和武则天之间,一个是皇帝,一个是才人的关系结束了,但是围绕他们的话题却难以结束,作为一代明君的唐太宗,对绝代女皇武则天的一生到底有着什么样的影响呢?

　　拂去1000多年的历史尘埃,回过头来看武则天一步一步登上女皇宝座的全过程,我们清楚地看到唐太宗的作用,这是当时普天下任何人都无法替代的作用。正是唐太宗,有意无意间充当了武则天平步宫门,历经艰险,直达帝位的第一个开路人。

　　没有唐太宗的选美入宫,少女武则天自然是不可能有尔后12年的宫廷生活。通过这12年的期盼、失落、窥探,武则天洞察了宫中的奥秘,谙熟了宫廷的各种关节和礼制。有了这12年的生活积累,她第二次入宫后,在各种矛盾面前才表现得那么从容不迫,游刃有余。一

句"女主武王代有天下"的谶言引
发的误操作，造就历史给唐太宗
开的一个天大的玩笑！

　　唐太宗在不经意间充当了武
则天最接近、最具体、最生动的老
师。在做太宗才人时期，武则天
也许根本就没有想过自己有一天
也要做天子，但唐太宗丰富的学
识、良好的修养、不凡的气度，乃
至在开创贞观之治过程中所表现
出的雄才大略，却无时无处不在
感染、影响着素有心计、天分超凡
的武则天。

　　武则天一生争强好胜，目空
天下，唯独唐太宗在她的心目中
总是那么高大威严、光彩耀眼。
她从少女时期升腾起的崇拜仰慕
之情，终生未变。甚至，在她遭遇
太宗的冷落、直至发配感业寺为

唐太宗纳谏图

尼，这种崇拜、仰慕之情也没有动摇过。我们不必把武则天理朝执政
后的许多做法与太宗朝时一一对照攀比，但不能不说的是，在女皇身
上确实荡漾着许多太宗遗风。仅就培植人才、重贤任能这一点上就有
令人惊叹的相似之处。

　　比如，为了培植人才，唐太宗在做秦王时，府中就开设文学馆，召
杜如晦、房玄龄、虞世南等18人为学士，诤议天下大事。登上帝位后，
又置弘文馆，令学士轮番值宿，以备顾问。由此聚集了一批贞观名臣。
连熟悉西域情况的玄奘从印度回来，唐太宗要求他还俗不成，仍把他
留在身边，咨询顾问。武则天在辅佐高宗执政时，也曾以论学著述为

由，在宫中开设学馆，聚集了一批号称"北门学士"的文人学士，如刘懿之、刘祎之、元万顷等，这批人大都成为她理朝执政，广造舆论的谋士重臣。善导和义净、法藏等高僧在武则天政治上，也发挥了不小的作用。

魏徵像

在用人上，唐太宗深知"治安之本，惟在得人"的道理，他选用官员不分出身地域，不分亲疏远近，更不求全责备，所以，在他的身边形成了一支精诚团结、文武兼备的官员队伍，如房玄龄、杜如晦、李靖、李勣、温彦博、魏徵、王珪等，特别是房玄龄和杜如晦，前者善谋，后者能断，"房谋杜断"，世称"贤相"。武则天在执政的过程中，不断调整自己的用人政策，坚持英才为我所用的原则，她首创殿试，亲自面试考生，发现贤士，大力提拔，又通过实践考验，不断淘汰，从而筛选出一批治国能臣，如狄仁杰、魏元忠、姚崇、宋璟等，以至后人评论"及开元中，致朝廷赫赫有名望事迹者，多是天后所进之人"（《李相国论事集》卷6）。贞观十七年（643），魏徵去世，唐太宗哀叹痛失一镜；久视元年（701），狄仁杰去世，武则天感伤天公为何夺我"阁老"太早。其情其景，何其相似乃尔！

在论及唐太宗与武则天的关系时，还有一点是不能忽视的。这便是永徽六年（655）唐高宗在立武则天为皇后的大典上，在众臣面前旧话重提，公开了先帝唐太宗"以武氏赐朕，事同政君"的宫廷秘密。此时离唐太宗去世已经6年。唐太宗是否在病重期间，把武则天赐予太

子李治为妃,这看似谁也说不
清楚的谜案,基本可以断定是
一件子虚乌有之事,事属唐高
宗的假托之辞。但就是这样
一个假托之辞,却对武则天的
立后,乃至后来的称帝产生了
巨大的作用。从中又可看出
唐太宗的影响。

　　纵观武则天与唐太宗相
处的 12 年,从个人关系看,也
许他们之间根本谈不上什么
感情;但从政治意义上看,从
推进大唐王朝事业发展的角
度看,他们之间显然存在着一
定的传承关系。正是唐太宗
当初的选择,最终推出大唐王

魏徵陵墓

朝乃至整个中国古代社会一位杰出的女政治家。而武则天既是唐太
宗开创的贞观之治的传承者,又以自己卓越的才华,坚韧的毅力,创造
性地推动了大唐盛世走向全面繁荣,成为她身后出现的开元盛世的奠
基人。在整个唐代 21 位皇帝治国的业绩中,唐太宗与武则天是两座
突出的高峰。

第二章

相爱相知，共治天下——武则天与唐高宗

从相识到相爱

风波起处见真情

生时比翼理朝，死后同穴做伴

在漫长的中国皇帝时代 2132 年的历史中，夫妻二人先后称帝的，唯有唐高宗李治与武则天这一对。他们从相识、相恋到结为夫妻，以"二圣"之名共治天下，并先后登上皇帝龙床当国，将国家推向盛世，相伴二十多年。他们各自谱写了多彩的人生，尔后同葬一穴，留下让人无不想窥探个究竟的巍巍乾陵。他俩的故事，无疑是一段历史佳话。

从相识到相爱

　　要论高宗李治与武则天的关系，自然要从他们的相识相交开始。

　　被骆宾王的《讨武曌檄》斥为"人非温顺，地实寒微"的唐太宗才人"媚娘"武则天，纵有驯服狮子骢的惊世表演，却不为唐太宗喜欢，于是在寂寞后宫深院里苦苦另找自己出头的机会。那年头，一个在后宫想出息的女子，唯一门路是攀龙附凤，求媚帝王。既然当今皇上不喜欢，就在未来的皇上——太子身上下功夫，这应该是武则天主动亲近李治的缘由。当然，这样解释太功利了些，应该是他们还有感情的基础，两情相悦才走到一起；而后或同时，武则天更有想出头的心思吧。

　　唐太宗共立过两位太子，第一位是嫡长子李承乾，是个有同性恋倾向的人。承乾生母长孙皇后死后，胞弟魏王李泰与他争位，各自拉党结派，危及社稷稳定。唐太宗看到自己当年与长兄太子李建成、四弟齐王李元吉三人在玄武门厮杀恶斗的那一幕又将在他的儿子们之

奉先寺卢舍那大佛

　　这是龙门石窟最大的造像，通高 17.14 米，体态丰满，眉清目秀，分明富有女性
的特征，不能不让人联想到武则天。

唐张萱绘《武后行从图》（摹本）

　　描绘武则天宫廷巡行的情景。武则天头戴宝珠凤冠，身着深青交领宽袖衣，腰系杂佩，气度威严。

间重演，痛不欲生，"自投于床……抽佩刀欲自刺"（《资治通鉴》卷197）。最后决定将争太子位的这兄弟俩一起废掉，改立排行第九的，也是长孙皇后所生的素以"仁孝"被人称道的李治为太子，以求保全所有儿子们的性命。这一年是贞观十七年（643），李治16岁。武则天比他大4岁，已满20岁。

李治被立为太子后，素有心计的武则天便伺机与他接近。李治素称懦弱，刚烈的武则天正好与他性格互补。十来岁便失去母爱呵护的李治，更容易接受长姐般的武则天的关爱。唐太宗晚年多病，皇太子李治的主要事务便是照顾父亲的身体，为了方便，唐太宗在他的寝殿侧安排一处院落让李治居住，可能就是在这个时候，李治与同在伺候唐太宗的才人武则天便有了机会，久而久之，产生私情。

关于武则天与唐高宗暗恋的故事，正史上只有一句简单的记载："上之为太子也，入伺太宗，见才人武氏而悦之。"（《资治通鉴》卷199）倒是明人所写的《如意君传》中有一段绘声绘色的描写：

　　父皇不豫，高宗以太子入奉汤药，媚娘侍侧，高宗见而悦，欲私之，未得便。会高宗起如厕，媚娘奉金盆水跪进，高宗戏以水洒之。且吟曰："乍忆巫山梦里魂，阳台路隔岂无闻？"媚娘即和曰："未漾锦帐风云会，先沐金盆雨露恩。"

　　高宗大悦，遂相携，交会于宫内小轩僻处，极尽缱绻。既毕，媚娘执御衣而泣曰："妾虽微贱，久侍至尊，欲全陛下之情，冒犯私通之律，异日居九五，不知置妾身何地耶？"高宗解所佩九龙羊脂玉钩与之，曰："即不讳，当册为后。"媚娘再拜而受，自是入侍疾，辄私通焉。

这段描写尽管细致入微，却难以让人置信。当儿子的太子敢与父皇的才人私通，这无论如何也是要被谴责的乱伦行为，所以在唐太宗后宫，他俩的偷情一定是极其隐秘的，不可能如此纵情放荡。《如意君传》所述,只可视为相隔数百年后骚人墨客的猜测编造。

　　唐高宗自己倒是直截了当承认了他俩的这段隐情。他在事隔多年以后的永徽六年(655)十月颁布的《立皇后武氏诏》中说道:

> 　　朕昔在储贰,特荷先慈,常得侍从,弗离朝夕……圣情鉴悉,每垂赏叹,遂以武氏赐朕,事同政君。

　　这里不仅向世人公开了他俩当初的隐情,且把这种私情说成了是得到皇帝老子恩准的。诏书中所说的政君,指的是汉宣帝选送给了太子刘奭的王政君,后来成为正妃,汉元帝刘奭继位后的皇后,汉成帝的生母。这位王政君,原来的身份是后宫家人子,而武则天是先帝才人,俩人名分大不一样,诏书硬作牵强附会的类比,显然是为辩护他们这段私情的合法性。事实上,此前的隋炀帝与隋文帝宣华夫人陈氏(庶母)、唐太宗与齐王妃杨氏(弟媳)间,都有过这种类似的"乱伦"关系。当时北方游牧民族多有子娶父妾、寡妇改适大伯小叔的风俗,汉代出塞的王昭君便是早年的一例。唐代外嫁的和亲公主们奉命也要遵从这些习俗。这些渊源于原始婚姻制度的风俗,由于当时民族融合的媒介,已影响到汉族。特别是隋唐皇室这样有少数民族血统的家族,他们接受这样的婚俗和两性关系,更没有心理障碍。实实在在说,这种习俗比起那些要年轻妇女终身守寡的礼教清规来,显然更人道一些。唐高宗能在极为庄严的诏书里公开写进他和武则天的私情旧事,也说明这类出格的感情追求,在当时相对宽松的社会氛围里,是人们尚能够接受或容忍的。

　　如果说,武则天与高宗李治最初的相交,还是各有所求:一个是为日后所图而委身;一个则是被对方的美貌刚烈而折服。但是随着频频地接触与交欢,他们逐渐加深了感情,由相识到相爱,以后发生的事证明了这一点。

　　贞观二十三年(649)五月,唐太宗李世民去世,武则天被剃度落发，送进了皇城附近的感业寺为尼。今天西安城外西北数里有一所感业寺，还有感业寺小学，便是当时该寺的旧址。校园内的石匾额和残留的典型的唐式双瓣莲花柱础，见证着那段历史。已经习惯了锦衣玉食宫廷生活的武则天，在清冷寂寥的寺院里，陪伴她的只有晨钟暮鼓，青灯梵卷。

武则天毕竟是一个奇女子，当许多进了感业寺的嫔妃们万念俱灭、心灰意冷时，她倒没有消沉，没有绝望。她相信自己的魅力，相信她所热恋过的太子、如今的皇上李治是不会忘记她的。为此，她期盼着，等待着。这一天终于让她等到了！

永徽元年(650)五月的唐太宗周年忌日，唐高宗李治去昭陵行香拜祭后，顺路到感业寺看望武则天。两人一见，勾起旧情，"武氏泣，上亦泣"，哭成一团，依依不舍。这事很快就让宫中的王皇后知道了。说来也巧，此时的王皇后正为皇帝宠爱萧淑妃吃醋。为了把高宗从萧淑妃身边拉开，她便怂恿唐高宗接武则天回后宫，并自作主张让武则天蓄发等待，择日回宫。没有生育而遭冷落的王皇后的如意算盘，是既讨皇帝欢心，又达到排挤萧淑妃的目的，自以为是个一举两得之计。

大约在651年初春的一天，武则天终于应诏走出感业寺，带着久

感业寺小学内大唐感业寺碑石

久萌动于心中的希望第二次入宫。这一年武则天 28 岁。此时的她已不是初次入宫时的那个单纯幼稚的少女。过去 14 年才人的凄苦生活,使她成熟了许多,她已经懂得如何应对复杂多变的后宫生活。

刚回到宫中时,武则天在皇帝面前,特别是皇后面前,"卑辞屈体",十分驯服,博得王皇后的喜欢。没过多久,武则天便获"大幸",拜为昭仪。按唐制,昭仪属正二品,入九嫔之列,职位终于有了跃升。

有了昭仪的名分,武则天可以终日和高宗皇帝名正言顺地厮守在一起,独专房帷之宠。史载,高宗总共 12 个子女,后面 6 个都是武则天一人所生,由此可见高宗对她恩爱有加的专一程度。

风波起处见真情

任何一对恩爱夫妻,一生中的情感历程都不大可能总是一帆风顺,难以避免地要出现一些波折和考验。武则天和唐高宗之间的爱情也经历了动荡和曲折。当初王皇后为离间唐高宗与萧淑妃的关系而主动出面接纳武则天入宫,没想到前门拒虎,后门进狼。武则天一来,她和萧淑妃一起失宠,真是后悔莫及。于是,王、萧二人又联手在高宗面前诋毁武则天,但唐高宗并不理会,独信武昭仪。由此,王、萧、武之间,主要是王皇后与武则天的矛盾,逐日加深。

王皇后并非等闲之辈,她是唐高宗的结发妻子,是凭借关陇集团高门出身入主后宫的。在她的身后有一个天然的强大的保护伞。为了遏制武则天的专宠得势,这个保护伞终于行动。永徽三年(652)七月高宗的长子李忠被立为太子一事,标志这一行动开始付诸实施。

当时唐高宗已有四子,长子忠、次子孝和三子上金,均为宫人所生,惟第四子素节为萧淑妃所生,最有身份地位,而素节又天资聪颖,小小年纪便能诵古诗 500 余首,深得高宗喜爱。此时如立太子,则非他莫属。李忠系宫女刘氏所生,虽为长子,但由于母亲地位卑贱,按嫡长子继承法,这位庶长子是不能入继大统的,立他不合祖宗留下的规矩。更何况唐高宗正当华年，王皇后也还年轻，将来会有多少位高贵的皇子可供选择还未可预料，为什么要在这个时候匆匆选立李忠为太子呢？

原来这事与武则天有关。按武则天生长子李弘的年代推算，在高宗立李忠为太子时，武则天已经有孕在身。盯着嫔妃们肚皮的皇亲国戚很快发现了这一秘密，消息在外廷传开，引起了王皇后及其族人的恐慌。在他们看来，按母以子贵的不成文法，如果这位已专房帷之宠的武昭仪再生下皇子，王皇后在宫中的地位就岌岌可危了。于是他们赶在武昭仪临产之前，演出了一场让李忠抢占皇太子位的闹剧。

这样做是一箭双雕，既阻止了武则天生子以后与王皇后分庭抗礼，又堵住了和王皇后有宿怨的萧淑妃将来登皇太后宝座之路。这场宫廷闹剧的总导演是王皇后的舅舅宰相柳奭。

抢班的闹剧在紧锣密鼓中一幕幕上演：柳奭经与王皇后密谋后，上下打点，取得了多数权贵重臣的支持，一切布置停当后，柳奭与太尉长孙无忌和另三名宰相褚遂良、韩瑗、于志宁一起出面，"固请立忠为储君"。在这些被先帝太宗安排的辅佐大臣们的一致施压下，唐高宗同意立李忠为太子，并举行了隆重的册立仪式。

对于立李忠为太子这样的朝中大事，武则天肯定知道得一清二楚。但只凭她一个缺乏外廷声援的孤单昭仪的地位和影响，一时还难以抗争，她暂时选择了沉默。李忠立储后半年，武则天生下了大儿子李弘。

通过这起立储事件，武则天见识了王皇后及盘结在她周围的权臣们的能量。特别是当时的宰相班子，除其中的李勣一人外，全部参与了立储事件，站到李忠，也就是王皇后一边。内外廷的王皇后派，已成为她攀上更高权位的主要障碍。

不过一年，随着第二个孩子，即长女的诞生，一个偶然的机会出现了。蓄势待发的武则天终于见机行事，射出了她手中直指王皇后的"箭"。

唐高宗像

永徽五年（654）的春天，武则天生下了她与唐高宗的第二个孩子，是个女儿，样子很讨人喜欢，高宗特别疼爱她。王皇后禁不住也前去探视，免不了抱起孩子逗弄一番。知道皇帝就要来，王皇后知趣地先走了。就在王皇后刚刚离去，皇帝还没有来到的短暂时刻，蓄谋已久的武则天，恶从胆边生，她双手扼杀或用被枕捂死了小公主，然后轻轻盖好被子，装作没事一样。

不一会儿高宗皇帝来了，武则天仍佯作欢笑迎接，待夫君掀开被子看视时，发现爱女已死而大惊失色。武则天在高宗面前哭得死去活来，高宗厉声讯问事情前前后后的情况，左右宫女不得不说出刚才皇后来过。高宗正在怒火万丈之时，不假思索便断言"后杀吾女"。而此时的王皇后则被这突如其来的横祸，完全击蒙了，她纵然浑身是嘴，也难以说清了。唐高宗以为王皇后已经默认，就此下定了废王皇后，改立武则天为后的决心。

宫闱事秘，不少人认为这个故事不可思议，质疑一个母亲会亲手扼杀女儿的事是否真实。对此，后人尽可依自己的理解去判断。如果仅从一个母亲对自己的亲生骨肉如何下得这般毒手的常理去分析，那么武则天也就不成其为武则天了。

我们只要联系武则天的经历，设身处地分析一下就不难明白，对武则天来说，埋葬了她青春时代黄金期的宫廷和尼庵的生活，已经泯灭了她原有的循规蹈矩的思维逻辑和行为准则。第二次入宫以来，虽然得到皇帝的恩宠，但不久前皇帝想让她从昭仪晋升为宸妃，又是因遭到朝臣们的反对而未成。自己既然成为王皇后、萧淑妃的眼中钉,要翻身,就只能下决心与她们斗下去。而作为她主要对手的王皇后,贵为后宫之主,若无大过,要割断她和高宗十来年结发夫妻的关系,谈何容易! 在这样的背景下,她下毒手,采取嫁祸于人的非常手段,也就在最不合情理的情理之中了。

在唐高宗眼里,武则天在立储事件上所表现的宽宏大量,与王皇后对自己爱女的蛇蝎之心,形成了鲜明的对比。在对待王、武的态度上,无论情感,还是理智,此时的唐高宗已完全倾向武则天一方。他决心废王皇后,改立武则天。

但是皇后废立是事关国家体面的大事。高宗心意已决,却并不能独断独行贸然行事。他还得按程序走,先打通朝中顾命大臣和宰相的关节,取得元老权臣的支持,再颁废立诏书。不想此事运作起来却连连碰壁。

太尉长孙无忌和宰相褚遂良两位"受遗命辅政",是唐太宗生前在翠微宫中所作的政治安排。高宗即位后,这些顾命大臣同心辅政,高宗对他们也"恭己以听",十分尊重。然而,这些以元老自居的顾命大臣们连皇帝的私生活也横加干涉时,引起了高宗的不满。这些顾命大臣中,要数太上国舅长孙无忌地位最为显赫,他辈大年高,势压群臣。与宰相们议政时,他有说一不二的权威。

中国自古有"以舅为大"的风俗传统,唐高宗曾幻想争取亲

长孙无忌像

娘舅长孙无忌的支持。为此,他和武则天一起屈尊登门拜访,带去厚礼,许诺给他儿子封官,无所不用其极。然后在酒酣耳热之际,高宗亲口向长孙无忌再三陈说:莫大之罪,无过绝嗣,因皇后无子,武昭仪有子,要行废立之事。这位国舅爷听了竟置若罔闻,采用"顾左右而言他"的故伎,"对以他语,竟不顺旨"。唐高宗与武则天只得怏怏而归。

之后,武则天又让生母杨氏出面,到长孙无忌府上,低三下四,"屡祈所请",而长孙无忌就是不松口。自视与长孙无忌关系不错的许敬宗,也去为武则天说情,结果遭"无忌厉声折之",碰了一鼻子灰。在屡遭碰壁之后,唐高宗改立皇后一事只得暂时搁置。为此,唐高宗憋了一肚子气,他与顾命大臣们的矛盾要引爆了。

武则天通过这一次次的教训,也终于明白,以自己出身寒素和太宗后宫的身份,是根本指望不上得到这些望族遗老的支持的,而没有外廷的呼应,是很难对付王皇后的。为此她加紧了私下活动,从网罗长孙无忌一伙的反对派入手,培植亲信队伍。

首先起来呼应的是一伙官场失意分子。带头羊李义府,当时任中书舍人,因得罪长孙无忌,被贬璧州司马。永徽六年(655)七月的一天,贬官的敕令到了门下省,过一道审核手续就要颁布了,李义府得到消息,急忙问计于同僚王德俭。王德俭给他出主意说,武昭仪正得恩宠,皇帝有意立她为皇后,犹豫未决是顾虑大臣异议。要是敢出面请立武后,你立即转祸为福,坐取富贵。当天李义府代替王德俭值宿朝堂,得便叩阁上表,以百姓心愿为口实,请废王皇后,立武昭仪。这正合高宗的心意,立即赐珠一斗,恩准留居旧职。武则天也私下遣使劳勉。接着高宗又提拔李义府为中书侍郎。这样高官厚禄的诱惑,使得不少朝臣纷纷取媚于武则天。朝中废王皇后、立武昭仪的呼声日隆。

唐高宗见时机已到,干脆向那些遗老重臣们摊牌了。永徽六年(655)九月的一天,高宗在退朝后召长孙无忌和李勣、于志宁、褚遂良几位宰相入内殿议事。褚遂良猜到要决定皇后废立的事了,明白"上意既决,逆之必死",形势十分严峻,他慷慨激昂地表示,自己既受太宗皇帝顾托，当以死谏之。请太尉元舅长孙无忌等人不要说话，以免惹祸，自己摆出一副杀身成仁的架势。

进入内殿后，长孙无忌们看到武则天就坐在帘后监视，气氛异常紧张。高宗果然提出："皇后无子，武昭仪有子，今欲立昭仪为后。"褚遂良立即以王皇后"名家"身份，暗讽武则天，并说："未闻有过，岂可轻废"，还追述先帝遗命："朕佳儿佳妇，今以付卿"，以托孤大臣身份，断然反对改易皇后。

褚遂良像

翌日再议时，褚遂良更撕破脸皮，言辞慷慨激烈，不加掩饰地向武则天发起人身攻击。他不仅又重复了前一天说过的"妙择天下令族，何必武氏"等一番话，还大胆地指出："武氏经事先帝，众所具知，天下耳目，安可蔽也。万代之后谓陛下为如何！"话语赤裸裸直刺高宗。说完把手中的象笏扔在殿阶下，解去幞巾，叩头流血，恨恨地说："还陛下笏，乞放归田里。"

性情一向温和的高宗此时也被激怒了，喝令侍从把褚遂良带出去。武则天隔着帘子大声斥骂："何不扑杀此獠！"长孙无忌见势不妙，赶忙以"遂良受先朝顾命，有罪不可加刑"为由，好歹将褚遂良护下，总算保住了这位永徽名相，并有"唐代书法四大家之一"荣衔的褚遂良的人头。当时同被召见的于志宁，见这阵势没敢吭声。另一位宰相李勣，也就是做过瓦岗寨军师的大唐开国功臣徐茂公，表现得更为乖巧，干脆回避，他昨天退朝后就没有应召进入内殿，称病缺席。

　　呼应褚遂良的宰相则有长孙无忌的侄女婿侍中韩瑗，他为这事一再涕泣极谏，上书列举"妲己倾覆殷王"和"赫赫宗周，褒姒灭之"的往事，警告会重演"棘荆生于阙庭，宗庙不血食"的历史悲剧。隋代名将、荣国公来护儿之子中书令来济也上书力谏："王者立后，以承宗庙，母天下，宜择礼义名家，幽闲令淑者。"所言仍然是攻击武则天出身寒微，并以"成帝纵欲，以婢为后，皇统中微"的大汉之祸来警告高宗，万不可立武则天。

李勣像

　　可此刻的唐高宗已经很有点男子汉气概，执意不改初衷了。无论权臣们怎样轮番登场，"濒死固争"，也难以动摇高宗的决心。正在此时，李勣的一句话，促使他在皇后的废立上果断地采取了行动。那是唐高宗为自己改立皇后一事询问李勣该怎么办时，李勣告诉他："此陛下家事，何必更问外人！"明白无误是暗示高宗不要理会褚遂良之辈，尽可按皇帝的意愿去立武昭仪为后。高宗终于在宰相班子里得到理解支持自己的可贵一票，于是"上意遂决"。

　　这年九月初三日，褚遂良被罢相，外贬为潭州都督。十月十三日，高宗下诏废王皇后、萧淑妃为庶人，给她们定的罪名是"谋行鸩毒"。王皇后的父亲王仁祐已故，亦被定罪斫棺，罪名为"谋乱宗社"。其母及兄弟削职为民，远流岭南。

　　十月十七日，唐高宗下诏立武则天为皇后。这纸大约出自李义府之手的诏书，盛赞"武氏门著勋庸，地华缨黻"，通篇溢美之词。也就是在这纸诏书里,高宗向世人公开了先帝太宗"以武氏赐朕,事同政君"的陈年往事。高宗选择这个时候旧事重提,公开他在做太子时即与武则天已有交情,也许其本意就是要告诉人们,于情于理,他立武则天为后,是不可改变的事情。

十一月初一,行册皇后礼,在太极宫正殿右肃章门举行,由李勣主持。大典颇为隆重体面,而后还破天荒地举行了百官朝拜新皇后的仪式。在唐高宗的力主下,武则天终于登上了皇后宝座,风光至极。

纵观立后的全过程,高宗李治一反性情温顺柔弱的本性,显现出异乎寻常的坚定和果敢,这不仅表明了在大事面前他有决断力的一面,也表明了唐高宗和武则天的感情已有经受政治风暴考验的能力。通过皇后废立事件,唐高宗重重地打击了顾命大臣的权势,他即位以来所受的种种阻难将不复再现,而武则天则堂而皇之地入主后宫。因此,立后事件可看作唐高宗和武则天夫妻二人通力合作,关系已由相爱达到相知,已能在政治上取得双赢的成功之举。

武则天成为皇后以后,对王皇后—长孙无忌集团大打出手,不仅处死了王皇后和萧淑妃以绝后患,还通过许敬宗等人编织罪名,处置了韩瑗、来济、褚遂良。到显庆四年(659),她指使许敬宗精心设计了一个朋党案,把最大的对手长孙无忌搬掉,发兵遣送黔州,赶出了京城。不久,又逼长孙无忌自缢身亡。

王皇后—长孙无忌集团的被摧毁,标志着一个多世纪以来关陇集团把持中央政权局面的结束;同时,也表明唐太宗预先为高宗当政以后所作的种种政治安排被彻底打破。唐高宗从此可以独立自主地放手处理朝政了,而武则天也由帝后走向前台,参政议政,协助夫君治理国家了。

过了风平浪静的几年后,一场突如其来的政治风波,差点使高宗与武则天的夫妻关系彻底破裂。这场使武则天再次险遭灭顶之灾的风波,虽是由陕州人宰相上官仪掀起,却也是因武则天被一时的胜利冲昏了头脑,行为不慎所致。

唐高宗遣归方士（明《帝鉴图说》）

显庆五年（660），唐高宗因"苦风眩头重，目不能视"，难以亲政，朝中的一些事务常交武皇后处理。武则天心性明敏，智谋达变，又通文史和朝廷礼制，处事前常请示皇帝，征得同意方行，深得高宗喜欢。可是，日子长了，武则天隐藏在心中的权力欲望便膨胀起来，往往把皇帝晾在一边，自作主张，过了一把执掌至高无上的君权的瘾。正如史书所写："武后得志，遂牵制帝，专威福，帝不能堪。"像所有视皇权为命根的帝王一样，高宗对越权的武则天产生了不满。就在这个时候，宫中的宦官王伏胜告发皇后引方士郭行真入宫中弄蛊祝诅咒害人的不法事。

蛊祝是用蛇、虿等蛊虫，下咒语害人，祈求非分之福。《唐律》有明文规定："诸造畜蛊毒及教令者，绞"，是死罪。皇帝见到举报，"大怒，将废为庶人"。宰相上官仪极力附和，撺掇说："皇后专恣，海内失望，宜废之以顺人心。"高宗便命他起草废皇后的诏书。这事被武则天安插在高宗身边的亲信知道了，赶忙去告诉了武则天。武后听了大惊，立即跑到高宗那里，口称冤枉，哭述原委。高宗原本就没有掌握到确凿的证据，下诏废后，只是气头上的一时冲动，经武则天这一哭一闹，心早软了下来，"复待之如初"。竟又讨好武则天说：我怎么会有废你之心，"皆上官仪教我"，顺势便把责任推到上官仪身上。

武则天见高宗已回心转意，雾散云开，转过手来便指使许敬宗诬陷上官仪与废太子李忠谋大逆。李忠稀里糊涂丧了命，上官仪及其子上官庭芝均下狱死，家口籍没，包括上官仪妻子及尚在襁褓中的孙女上官婉儿在内的全部女眷都配入宫中为奴婢。好端端的一个相府，只因主人不谙伴君如伴虎的古训，一时头脑发热，出言不慎，顷刻之间就家破人亡了。

生时比翼理朝，死后同穴做伴

上官仪事件给了已贵为皇后的武则天一个不小的教训：掌握黜陟生杀大权的皇帝还是万万招惹不起的。所以，在经历了这一次风波后，武则天又变得温顺体贴，对高宗多了一份尊重，夫妻关系得到了改善。高宗也恢复了对武则天的信任，尤其是他身体状态每况愈下时，繁重的国事需倚仗武则天处置。在治国安邦的责任面前，他们的关系达到了新的和谐与统一。

考古学家和历史学家将自长孙无忌集团被摧毁，武则天被委以政事的显庆四年（659），到唐高宗去世的弘道元年（683）之间的 24 年称为"二圣期"。关于此时期的情况，史书多有记载：

> 后素多智计，兼涉文史。帝自显庆已后，多苦风疾，百司表奏，皆委天后详决。自此内辅国政数十年，威势与帝无异，当时称为"二圣"。（《旧唐书·则天皇后纪》）
>
> 自是上每视事，则后垂帘于后，政无大小，皆与闻之。天下大权，悉归中宫，黜陟、杀生，决于其口，天子拱手而已，中外谓之"二圣"。（《资治通鉴》引实录，《旧唐书·高宗纪下》略同）

以上材料都证明，在这 24 年间，则天武后实实在在参政无疑，但决非"天下大权悉归中宫……天子拱手而已"。事实是，由于受当时国内外形势所使，高宗与武后在通力合作处理朝政时，是各有侧重的。由于身体原因精力所限，高宗皇帝多在外事场合出面，偏重于对外安邦；武后则致力于内部事务，协助处理朝政。唐高宗在位的 35 年，国务一直非常繁重。尤其是对外关系，经过隋炀帝到唐太宗的开拓经营，疆域空前扩大。7 世纪中叶以后的大唐周边形势，出现了前所未有的多元化争夺发展的复杂态势。

在事关国家安危的大事面前，唐高宗把主要精力用于处理周边国家民族事务是必然的。在他的决策下，唐帝国采取一系列军事行动维护国家安全和领土完整。650 年唐军击擒车鼻可汗后，降其余众，设单于、瀚海二都护府于今内蒙古和林格尔西北土城子和蒙古国布尔根省，突厥尽为封内之臣，此后 30 年内无战争；在西北，一度生乱的铁勒于 662 年被"三箭定天山"的将军薛仁贵打败，九姓遂定；在东方，继隋文帝、隋炀帝之后，唐太宗晚年又三征高丽不胜，唐高宗时坚持继续用兵，甚至打算御驾亲征，终于在 663 年水军大胜百济、日本联军于白江口，接着又于 668 年平定高丽，置安东都护府于平壤，实现了太宗的梦想；在西域，657 年唐军击擒阿史那贺鲁，献俘于昭陵，使位于今新疆和中亚的西突厥全境皆属唐帝国。……

在这一系列的对外行动中，武后究竟在多大程度上参与了决策，已很难考证。从我们现在能看到的史书记载，这一时期，武则天更多的是关注

乾陵蕃臣像

内政,在高宗的充分信任和支持下,她运用自己的聪明才智,果断地进行了一系列政治变革,如:废《氏族志》修订《姓氏录》、改革科举制度拓宽用人渠道、组织北门学士著书立说培植亲信等。

上元元年(674)八月,武后的名位又升一等,"皇帝称天帝,皇后称天后"。在称天后的四个月,武则天便提出了上书建言十二条意见,内容为:

> 一、劝农桑、薄赋徭;二、给复三辅地;三、息兵,以道德化天下;四、南北中尚禁浮巧;五、省功费力役;六、广言路;七、杜谗口;八、王公以降皆习《老子》;九、父在为母服齐衰三年;十、上元前勋官已给先身者无追核;十一、京官八品以上益廪入;十二、百官任事久,材高位下者得进阶申滞。

对武则天上奏建言的这十二事,史称"帝皆下诏略施行之"。可见是得到高宗的同意和批准的。限于保留下来的资料不多,我们很难充分估量这些意见所产生的影响,但从所言内容看,这无疑是一个十分重要的政治文件,可视为"二圣"时期一件涉及国家经济、军事、政治、社会、礼仪、分配等诸多方面的施政治国纲要,是顺应形势,符合人心的。

正是由于武则天在治国理朝上所表现出的卓越才华及多年来高宗对武则天的了解和信任,唐高宗一度产生了逊位于武后的想法,这便是被后来的史学家们斥高宗为"昏懦"之举的逊位事件。

据《资治通鉴》系年,这事发生在武则天提出"建言十二事"的第二年即上元二年(675)的三月,唐高宗因"苦风眩甚",身体逐渐垮了下去,实在也是没有多少精力和兴趣操劳国事了,便有意下诏逊位于武则天。逊位皇后是皇帝时代的中国历史上没有先例的事,高宗为慎重起见,征询宰相们的意见。当时在相位上的张文瓘、戴至德、李敬玄、刘仁轨深知此事体大,缄口不言,噤若寒蝉。惟有名门出身的中书令

乾陵全景

郝处俊以《礼经》上"天子理阳道，后理阴德"的传统礼教为训，坚决反对传位于天后，说如欲违反此道，会谪见于天，取怪于人。还说，天下者高祖、太宗二圣之天下，非陛下之天下，只能传子孙，不可传国于人，有私于后族。除宰相外，还有中书侍郎李义琰呼应，说"处俊所引经旨，足可依凭"，要唐高宗接受郝处俊的意见，打消逊位于天后的想法。

在中国古代社会，口含天宪的皇帝可以随心所欲更动法律，却不能动摇礼的基本准则。既然不合礼制，唐高宗逊位皇后之事也只好作罢。处于这件事中心的武则天，此时表现了极大的镇定和忍耐，她未动声色，表面上容忍和接受了这一切。

这场逊位事件，来去匆匆，很快就消停了，却在中国历史上留下了惊世骇俗的一笔。它足以显示，在高宗的思想中，并没有把武则天受大位当女皇，看作是有什么问题的事，更谈不上大逆不道。他通过20多年来武则天辅助他治国理朝的实践，默认了武则天是具备了称帝的资格和才能的。这在1300多年前的中国古代社会是一种非常出格的开明，唐高宗所具有的这种以国事为重的广阔胸怀和开明思想，岂是一个"昏懦之主"所能具有的！15年后武则天终于完成了她登顶女皇宝座那空前绝后的壮举，也许正是对她有恩有爱的丈夫唐高宗给了她最初的鼓励！

章怀太子李贤墓出土《观鸟捕蝉图》壁画

　　武则天次子李贤，675年被立为太子，679年因明崇俨案被废，高宗死后，被武则天所杀。但各种迹象表明，他的被杀绝对不是"意图谋反"这么简单，传说中的李贤不是武则天亲生也不是没有可能！

崇山峻岭中去往湖北房县的路

683 年，唐高宗驾崩，中宗李显即位。结果只做了一个多月的皇帝，就被武则天废为庐陵王，不久被发配到房州。刚到那里五天，又转到均州（今湖北均县西），来年又被迁到房州，在那儿苦熬了近十五年。

　　逊位之议后又过了 8 年，弘道元年（683）十二月四日，唐高宗病逝于东都洛阳宫中的贞观殿，时年 56 岁。临死前他感慨地说："苍生虽喜，我命危笃。天地神祇若延吾一两月之命，得还长安，死亦无恨。"并留下遗诏："七日而殡，皇太子即位于柩前。园陵制度，务从节俭。军国大事有不决者，取天后处分。"在他生命的最后一刻，唐高宗把他最牵挂的国事最终的处决权，交付给了他最信赖的妻子武则天。

　　唐高宗以多病之躯在皇位上执政达 35 年，时间之长，在整个唐代也仅次于他的孙子唐玄宗，可算作一个记录。即以享年而论，也仅次于他的妻子武则天、玄宗及后来的德宗，列居第四，在当时也可视作长寿了。

　　唐高宗过世 22 年后，即神龙元年（705），武则天在经历了登顶女皇的人生辉煌后，以 82 岁的高寿也死于东都洛阳上阳宫中。临终前遗志："祔庙、归陵，令去帝号，称则天大圣皇后。"第二年五月，按照她的遗愿与唐高宗合葬在乾陵。高宗与武则天这对相依相随的恩爱夫妻又相聚在了一起，也创造了两个皇帝同葬一穴的史上"唯一"。

　　正是因为有坚实的感情作基础，唐高宗在自己身体不济的情况下，放心放手地让武则天处理朝政，共治天下，从而为日后武则天成为

乾陵（唐高宗、武则天合葬墓）

一代女皇提供了充足的时间和攀登的平台；出于同样的爱，武则天以自己出众的才华和辛劳，辅佐夫君理朝治国长达 24 年，使唐高宗以多病之躯取得执政 35 年的不凡帝业！

是唐高宗造就了武则天，是武则天成全了唐高宗，如此精彩的人生和业绩，又岂是一般恩爱夫妻所能达到！

第三章

迷雾母子情——武则天与她的儿女们

李弘是被武则天「鸩杀」的吗？

李贤被杀之谜

历经磨难的中宗李显

屈身求安的睿宗李旦

作为一个杰出的女政治家,武则天在先后以皇后、天后的身份辅佐唐高宗执政的几十年间,所作所为,表现了中古时代一个妇女超常的博大胸怀和卓越才华。然而,作为一个母亲,她却在这个时候遇到了一生中最令她揪心的麻烦,她怎么也不会想到,曾给她争得皇后宝座的儿子们,一个个成了妨碍她发展权势的政治对手,她不得不拿出很大的精力,作母子相争,应对接踵而至的"宫廷兼家庭内战"。结果,她一生中仅有的四个儿子,长子李弘猝死,次子李贤被废杀,三子李显被废流放,小儿子李旦又被软禁。孙儿辈也受牵连被关在宫中,18年不许出庭院。除儿孙外,她曾百般宠爱的小女儿太平公主在自己身后也落了个被赐死的下场。再加上在此以前已被她亲手扼杀在襁褓中的大女儿,她所生的全部子女均遭厄运,杀的杀,废的废,囚的囚,凄惨之状,令人不寒而栗。

　　这究竟是怎么一回事?难道一代女皇的成功之路非要用她儿女的尸骨铺就?这中间究竟发生了哪些令人震惊之事?又隐藏着哪些不可告人的秘密?

　　也许,事隔1300多年,史迹茫茫,云遮雾罩,我们很难彻底弄个明白,但历史终究不是一张白纸,不可以任人涂鸦,透过种种假象,我们总还是可以摸到大致的脉络。

　　让我们一件一件地试揭其中之谜。

李弘是被武则天"鸩杀"的吗?

李弘在显庆二年(657)即唐高宗废李忠为太子的第二年被下诏立为太子,年仅4岁。他成年后,"仁孝谦谨,上甚爱之;礼接士大夫,中外属心"。多次监国,受有病的父皇委托处理政事。高宗让位皇后未成,便有意禅位于太子。不料,在上元二年(675)四月,李弘随父皇、母后游幸东都苑内最西端的合璧宫时,突然死于宫里的绮云殿中,时年24岁。

关于李弘之死,史籍记载不一,有一种说法流传甚广,说李弘是被其母武则天毒死的。

最早记载李弘死于"非命"的,是唐肃宗时的柳芳,他在《唐历》中写道:"弘,仁孝英果,深为上所钟爱。自升为太子,敬礼大臣鸿儒之士,未尝居有过之地。以请嫁二公主,失爱于天后,不以寿终。"同一时期的李泌则明确指出李弘是被"鸩杀"的,他对唐肃宗说:"高宗大帝有八子,睿宗最幼。天后所生四子,自为行第。故睿宗第四。长曰孝敬皇帝,为太子监国,而仁明孝悌。天后方图临朝,乃鸩杀孝敬,立雍王贤为太子。"此说被不少后来的史书引录,计有《唐会要》卷2《追谥皇帝》、《资治通鉴》卷202《考异》,以及《新唐书》的《高宗纪》、《则天皇后传》和《孝敬皇帝弘传》等。可这些引述"鸩杀"的说法也不完全一致,如《考异》里就有这样的话:"按弘之死,其事难明,今但云时人以为天后鸩之,疑以传疑。"既然是"疑以传疑",那就说,这些持"鸩杀"论的说者,自己也知难自圆其说的。

那么李弘究竟是如何死的?

回答这个问题,首先要搞清的是作为母亲的皇后武则天有什么理由要"鸩杀"作为她长子的太子李弘呢?上述史载中揭示的原因主要是两点:一是太子"以请嫁二公主,失爱于天后,不以寿终"。二是"天后方图临朝,乃鸩杀孝敬"。下面我们就逐一分析一下这两个原因是否成立。

关于"以请嫁二公主，由是失爱于天后"，这事是史有所载的。说的是：咸亨二年（671）正月，唐高宗出幸东都，命太子李弘留京监国。李弘发现宫中幽禁着他的两个异母姐姐——萧淑妃生的义阳、宣城二公主，她俩生于永徽元年（650）前后，都是 20 多岁，当时算老姑娘了。李弘顿生恻隐之心，便奏请父皇恩准她们出嫁。为此事，他惹恼了母亲武则天。萧淑妃是武则天的宫中死敌，她怎么能允许仇敌的女儿风风光光摆公主排场出嫁呢？于是，她当下就把这两位公主配给了宫中卫士，草率成婚。为此事母子俩闹得很不愉快。

其实，在此之前，由于太子李弘的婚姻问题，母子俩在感情上就有了裂痕。太子妃初选的是司卫少卿杨思俭之女，望族出身，书香门第，又"有殊色"。婚期已定，不料姑娘竟被武则天的外甥贺兰敏之"逼而淫焉"，粗暴地破坏了这桩婚事，使李弘的婚姻大事推后三年，太子得病乃至绝后。这造成了李弘和母后娘家人的宿怨，母子俩感情上的裂痕由此产生。后来李弘娶了禁军将军闻喜大姓裴居道之女为妃。高宗皇帝觉得儿媳"甚有妇礼"，十分满意，曾说"东宫内政，吾无忧矣"。高宗虑及自己身体不支，流露出禅位太子之意。对此，武则天这位一心想独揽朝政的皇后，也定然是怏怏不快的。

那么武则天会不会因此就对长子下鸩杀的毒手呢？不能完全排除这种可能。当年为了斗倒王皇后，她就亲手扼杀过幼小的长女，此时会不会故伎重演？但细想起来，可能性不大。其一，此时武则天与李弘的矛盾，还没有激化到你死我活的程度；其二，她为高宗接连生下四个儿子，次子李贤与长子李弘相差不过两岁，李弘死了，一向不听话的李贤会自然接上来，除掉一个并不解决根本问题；其三，下手的时机不合。当时的李弘随皇帝、母后同游东都苑内的合璧宫，大家都在一起，众目睽睽之下是很难做手脚的，特别是掌握生杀大权的皇帝就在身边，在他眼皮底下鸩杀太子，万一露出一点蛛丝马迹，武则天将顷刻之间灾难临头，不仅将失去她已经得到的一切，而且将大失天下人心，

河南偃师唐孝敬皇帝李弘恭陵

断送自己的前程。很难设想，武则天这样一个精明过人的大政治家，会鲁莽地去冒这么大的险。

李弘太子毕竟是在24岁时便过早地去世，极有可能他死于病，是疾病突发而亡。

史载，太子原本就多病。咸亨二年监国时，"太子多疾病，庶政皆决于（戴）至德等"。娶裴氏为妃一年，未能有子胤，大概也与他的病有关。他死后接连颁下的《皇太子谥孝敬皇帝制》和《册谥孝敬皇帝文》中都提到他有"旧疾"、"沉疴"。五月五日下的制文："弘天资仁厚，孝心纯确，既承朕命，掩欻不言，因兹感结，旧疾增甚……永诀于千古。"八月五日下的册文详细地记叙了李弘临终时的情况："顷炎象戒节，属尔沉疴，实美微痊，释余重负。粤因瘵降，告以斯怀，尔忠恳特深，孝情天至，闻言哽咽，感绝移时，因此弥留，奄然长逝。"《旧唐书·孝敬皇帝弘传》在引录上述记叙时，又增加了"自琰圭在手，沉瘵婴身"几个字。瘵，《医宗金鉴·杂病心法要诀·痨瘵总括》中注："久病痨疾而名曰瘵。瘵者，败也。气血两败之意也。"这就很清楚地告诉人们，李弘之死是缘于他患了久治不愈、气血两败的痨病。

唐恭陵独角兽

还有一篇当年八月十九日李弘死后安葬于恭陵时唐高宗写的《孝敬皇帝睿德纪》，也说李弘听到父皇将推大位，闻言哽泗，"伏枕流歃，哽绝移时，重致绵留，遂成沉痼。西山之药，不救东岱之魂；吹汤之医，莫返逝川之命"。记中还提到了抢救医治之事。《金石萃编》卷58收录了这篇碑记，作者王昶在跋文中并说："太子之死，由于多病，而又闻禅位之语，盖致不起也！"他反问："即使太子受禅，天后自度亦不难制其子，何至以请嫁二公主激怒，遽萌杀子之心！"可见，他是不同意武则天鸩杀太子李弘之说的。

当代国学大家汤用彤先生赞同王昶的看法，他考证敦煌卷子中的御制《一切道经序》是按武则天口气写的，甚至就是武后自己所撰。根据该序中略赞孝敬皇帝之德，并有"拂虚怅而摧心，俯空莚而咽泪，兴言鞠育，感痛难胜"等语，他说："李弘本多病，闻高宗欲让位给他，因兹感结旧疾增甚，医治不愈终致死亡。而观《序》文，武后自言感痛难胜，为写《一切道经》，与高宗在《纪》(《孝敬皇帝睿德纪》)中说：'天后心缠积悼，痛结深慈'亦相吻合。这些都完全否定他书关于武后杀子之传说。"汤用彤先生的分析是很有道理的。

分析至此，似乎对李弘之死可以下结论了，他因多年患痨病而亡，而非母后武则天鸩杀。可是，随着1995年西安新出土一方李弘的太子家令闫庄的墓志铭，使这一结论又生新疑。

闫庄死于李弘去世的当年，铭文虽晦涩难懂，但其大致死因还是

闫庄墓志

可推出一二,也是遭风霜相逼,飞来横祸而死。且闫庄作为名相闫立德的次子,《新唐书·宰相世系表》却不载,亦有被除籍之疑。这篇墓志铭的作者李俨与闫庄同在东宫,任太子率更令,都是太子李弘身边的近臣,莫非在太子被鸩杀,闫庄被株连后,他虽不能公开仗义执言,便借用这方墓志铭,闪烁其词,留下两人一前一后枉死的蛛丝马迹供后人揣摩吗?李弘之死或者与四年前逼淫杨思俭之女的贺兰敏之有关?这个跋扈暴虐的姨表兄弟惧怕李弘登大位后报夺爱之仇而下毒手?

看来,李弘之死的谜团只有到恭陵被打开之日,检验李弘遗骨有无中毒痕迹,方能最后破解。

李贤被杀之谜

比起李弘之死,李贤之死更加复杂、惨烈,隐藏在其间的故事,也更加曲折、离奇。

在孝敬皇帝李弘、章怀太子李贤、唐中宗李显、唐睿宗李旦这武则天的四个儿子中,二子李贤天分最高。他自幼"容止端雅",小小年纪读《尚书》、《礼记》、《论语》,过目不忘。还能背诵古诗赋十余篇。有一次唐高宗让他读《论语》,读到子夏曰"贤贤易色……"时复诵再三,这句话的意思是在"贤"与"色"两者之间,要重修养,轻容貌,李贤当时似已能约略领会,父皇惊讶之余,倍加钟爱。李弘不幸夭折后,唐高宗便着力培养李贤,以期他日后担当大任。

雍王李贤是在太子李弘死后一个月,被高宗下诏立为太子的,时为上元二年(675)六月。立为太子后,唐高宗多次命他监国,李贤表现得很有能力,处事明审,得到舆论赞赏。他还学母后武则天招揽北门学士的办法,收罗了一批名臣学士,论道著述,当年就注《后汉书》成

章怀太子李贤墓出土《客使图》壁画

功,这批人中有张大安、刘讷言、格希元、许叔牙、成玄一、史藏诸、周宝宁等。为首的张大安之父张公谨,早年入李世民幕府,他在玄武门事变前力主率先发难,不问吉卜凶,事变时死守玄武门,拒东宫、齐府兵于门外,李世民政变因此得以成功,张公谨荣登凌烟阁功臣。张大安居相位三年多,是李贤最得力的幕僚。参与注书的这批名臣学士,成为与后党的北门学士并立的亲太子宗派。这引起一心想控制朝政的武则天的警觉和不满。

更让武则天不安的是,此时宫中的一些人事变动也越来越朝着有利于李贤的方向发展,如仪凤二年(677)三月,曾公开反对逊位于武则天的中书令郝处俊兼太子左庶子,另一位反对者李义琰兼太子右庶子,都成了东宫班底。四月,李贤的心腹之臣太子左庶子张大安被封宰相,提前完成了从东宫班底到宰相班子的转化。从这些人事变动中,可以明显地看出唐高宗在做传位于李贤的准备。当时的政局已经是:宰相班子中除刘仁轨一人与武则天关系密切外,其余的大多数是李贤太子的支持者,有的与武则天还有积怨,如来恒,其兄来济,即当年密表谏不可立武则天为宸妃,后又因参与长孙无忌、褚遂良朋党被外贬者。反武则天的力量占了明显的优势。面对这种政治局面,武则天不能保持沉默了。

仪凤四年(679)五月,高宗的身体状况也越来越不好,再次命太子监国。武则天看到太子李贤随时都有接位登基的可能,她加紧了对李贤的训诫控制,命北门学士撰《少阳正范》和《孝子传》给李贤读。但规劝无效,母子间的矛盾还是借着明崇俨之死一事爆发了。

明崇俨官不过五品,乾封元年(666)才应高宗武后封禅泰山之举入仕。但此人通文学、医术,还常借神道指陈时政,深得高宗武后信任和器重,特令入阁供奉。明崇俨曾密言英王类太宗而相王贵,称赞武则天的第三子、第四子,却"私奏章怀太子不堪承大位"。这事被李贤知道后,"每日忧惕,知必不保全",作的乐曲《宝庆乐》也充满哀伤。

　　调露元年(679)五月的一天夜里,明崇俨突然遇刺身亡。武则天怀疑是李贤派刺客杀的,当时朝野也确有太子秘密派人杀害的传言,《旧唐书·明崇俨传》明言"太子……潜使人害之"。

　　武则天自信铲除太子一党的时机已到,便大打出手,找了一些微不足道的小事,即"太子颇好声色,与户奴赵道生等狎昵"之类,指使人告发。皇帝下诏命宰相薛元超、裴炎和御史大夫高智周审理此案,兴师动众,搜查东宫,于马坊查获皂甲数百领,被认为是谋反的器具。在重刑之下,赵道生供认明崇俨是他受太子指使刺杀的。这样,这起谋杀和谋反案的主凶便判定为太子李贤。

　　皇帝素爱太子,想宽宥他,何况太子东宫按制有左右卫率等武装保卫,存些甲胄器仗也属正常,是可以托辞为太子开脱的。但作为母亲的武则天却反常地执意要绳治儿子,说:"为人子怀逆谋,天地所不容;大义灭亲,何可赦也!"高宗无法阻挡。调露二年(680)八月,太子贤被废为庶人,幽禁起来,数百皂甲当众焚毁。武则天这种小题大做之举,其目的无非是借此机会,再次威震朝臣,为自己树立公正严明、大义灭亲的形象而已。

　　太子案株连了不少人,李贤的党羽尽数诛杀,宰相张大安和太子洗马刘讷言等十余人被流放。唐太宗子曹王李明和太宗孙嗣蒋王李炜也以李贤之党连坐,李明降为零陵郡王,黔州安置,在州被都督谢祐奉武则天旨意逼迫自杀;李炜被除名,道州安置,垂拱中(685)也被武则天所杀。一时恐怖气氛笼罩朝野,以致当宣布其余太子宫僚免予追究时,左庶子薛元超等皆拜舞谢恩,只有右庶子李义琰引咎涕泣,难掩他对李贤落败、武则天再度得逞的悲痛之情。

　　四年后,即文明元年,随着高宗在此二月前的去世,李贤彻底失去了保护,被武则天所杀。他的三个孩子也未逃脱厄运,全部被幽闭于宫中,18年不许出宫院,小儿子守义最先病死,大儿子守顺后来被杀,只有二儿子守礼熬过18年后获得自由,一直活到武则天死后的开元末,是唐高宗、武则天孙子辈中年龄最长的一个,后被封为邠王。由于他长期受禁闭患了风湿病，固此能预知晴雨。唐玄宗的五弟岐王李范向皇兄告发："邠哥有术!"守礼向玄宗解释说："我哪里是有术，只因受父亲章怀太子案牵连，被关入宫中幽禁十余年，每年都要被祖母赐杖数顿，落下浑身的伤疤，愈来愈厚，天要下雨，背上就觉沉闷，天放晴，就觉轻健。由此我便知道会不会下雨，

陕西乾县章怀太子(李贤)墓出土《狩猎出行图》

非是有术啊!"说着这伤心的往事，邠王涕泪沾襟，唐玄宗也伤感不已。——这当然也是后话。

　　纵观李贤太子被杀的全过程及他的孩子们一个一个的惨状，人们由不得产生这样的疑问:武则天作为一个母亲为何如此狠毒，想尽一切办法诛杀自己的儿子? 作为祖母她又为何对垂髫之年的孙子们那么残忍? 当时李弘已死且无子女，李贤和李守礼实际上就是她的长子长孙，对此她为何毫不怜惜? 除去权位之争引来这场母子相残的原因外，其中是否还隐藏着什么不可告人的秘密? 随着这个谜底的破解，一个更加离奇的故事渐渐浮出水面。

　　原来，李贤极有可能不是武则天所生。这一点，史籍上也时有透露，当时在宫中，就有宫人在传言:"贤是后姊韩国夫人所生。"(《旧唐书·章怀太子传》)李贤长大成人后，因监国之事屡屡受到母后的责难，情绪低沉，也私下和人议论过，他怀疑自己是否为母后亲生。武则

天听到后十分恼火和震惊。可见李贤非武则天所生之说不是空穴来风。

那么李贤的生母是谁？我们可以将眼光放到韩国夫人身上。韩国夫人是武则天的亲姐姐，她早年嫁贺兰越石为妻，盛年守寡。唐高宗把武则天接进宫中立为昭仪后，她得以大姨的身份出入禁中，也就有了亲近皇帝的机会。也许就在这频频接近皇帝的过程中，她类似武则天的气质打动了皇帝，从而得幸，有孕。在皇帝时代的后宫里，皇帝独占女性，只要他乐意，他是可以要任何一个女人的。所以，韩国夫人得幸有孕之事不足为奇。如果这个事实成立，那么故事后来情节的推衍，就变得十分顺畅了。

《旧唐书·高宗纪上》记载，李贤是生于永徽五年（664）十二月十七高宗和武后去昭陵的路上，是小产。在此之前，武则天已生下长子李弘，在李弘和李贤之间还生过一女，即被她亲手扼杀在襁褓中的长女。这三个孩子生于两个年头里，李贤正常的预产期应是在拜谒昭陵之后的一些日子，否则武则天是不会临产还冒险颠簸上路的。但意外的事还是发生了，武则天在路上生下了孩子，孩子不足月，又赶上数九寒天，在古代医学条件下要成活下来是很难的，也许在路上抑或送回宫中后，孩子还是夭折了。逢巧这时身怀有孕的韩国夫人也临盆生子，且生下一男。这孩子的父亲毫无疑问就是高宗皇帝。于是后宫或就是唐高宗本人悄悄地把武则天寡姐生下的这个孩子抱来顶替死去的孩子，便成为可能。这样既可以掩盖皇帝和寡居韩国夫人"私通"的事实，又让他们的孩子——一个容易遭人非议的私生子——有了安身立命之处，可谓一举两得。对武则天来说，她如果知道了，也只能接受这安排，因为多一个儿子会使她在后宫的地位更加优越。那时王皇后、萧淑妃还在，她还需谨慎从事，屈身忍辱，顺从上意。这样做的结果必将讨得皇帝的欢心，使她在后妃争宠中取得更大的优势。经过这么一番移花接木，韩国夫人所生的李贤成了武则天的次子。

当然，这一切都是在一连串的"也许"下推出的结果，但发生在唐高宗身上的几件事又仿佛为这种"也许"提供了证据。一件是李贤出生仅仅一个月,高宗便匆匆下诏为这个未满月的孩子封王。而长子李弘就不是这样,直到3岁时才和李贤同时封王。第二件事是韩国夫人死时,"帝为恸",其伤感程度也非同一般。第三件事是唐高宗和韩国夫人女儿的关系。韩国夫人死后,唐高宗把对她的一往深情转移在其女贺兰氏身上。他封贺兰氏为魏国夫人,该女貌美,称"国姝",因长得极像她母亲,在宫中"颇承恩宠"。唐高宗还"欲以备嫔职",正式娶她,册封为内官。只是不大好和武后摊开,事情就没办成。

武则天对年轻的外甥女妒火难平,在乾封元年(666)泰山封禅以后,见武惟良、武怀运以岳牧身份随同回京,便指使人在武惟良所献的食物中下毒,让魏国夫人吃后暴卒,又归罪于武惟良、武怀运,把他俩都杀了。一石三鸟,既除了在宫中与她争宠的年轻甥女,又发泄了对从小欺凌自家孤女寡母的两个叔伯兄长的私愤。

武则天这一系列行动十分诡密,高宗皆被蒙在鼓里毫无察觉。面对这一桩桩的伤感之事,只能无奈接受。在悲痛之余,高宗下诏命韩国夫人之子、魏国夫人的兄弟贺兰敏之奉武士彟祀。这其实是一个很荒唐的决定。武士彟虽然儿子已死,但侄孙辈武承嗣、武三思等还大有人在,按礼制,怎么也不会轮到一个外孙来袭爵位承宗祀。唐高宗作此离谱怪诞的决定,无非是以此作为对他钟爱的两个女人的回报补偿吧。至此,围绕李贤被废至死的曲折离奇的故事也终于可以划上句号了。

历经磨难的中宗李显

比之李弘、李贤,三子李显的遭遇还算幸运。李显是在李贤被废的第二天,被立为皇太子的,时为永隆元年(680)八月。做太子时,他对执掌朝政的母亲武则天毕恭毕敬,小心翼翼,总算平稳地当了三年太子。

唐高宗死后,遵其遗诏,皇太子李显在灵柩前即皇帝位,即唐中宗,时年28岁。当天尊母亲天后武则天为皇太后。此时的皇太后已非昨日的天后,按高宗遗嘱:"军国大事有不决者,兼取天后进止。"有了先帝亲授的这柄"尚方宝剑",武则天实际上已掌握了只有皇帝才拥有的黜陟生杀大权。她可以名正言顺地、毫无顾忌地从帝后走向台前继续干预朝政,朝着她独裁权力的目标推进,由此而引发的宫廷斗争又开场了。

让人不可思议的是,历史上的一幕很快就重演。这场斗争的一个倒霉蛋,竟又是她的亲生儿子,即她和高宗所生的第三子,这位刚刚登上皇帝宝座的中宗李显。时间仅仅是他即位后的短短两个月。这件事是由中宗破例提拔他的岳父韦玄贞当宰相引起的。

韦玄贞原为一微不足道的小官普州参军,因太子李显的关系提为豫州刺史。中宗一即位,又要拜这位岳父为侍中,当宰相。这样露骨地搞裙带风,引起宰相们的非议。领头的是裴炎。

裴炎是受高宗遗诏辅政的重臣,官拜中书令,宰相议事之政也随

中宗韦后上元赏灯图

陕西乾县永泰公主墓出土《宫女图》壁画

　　永泰公主，唐高宗和武则天的三子李显的女儿。698 年，李显终于结束了在房州的囚禁生活，被迎回立为太子。然而，此时武则天宠信张易之、张昌宗兄弟，永泰公主与哥哥李重润对此表示不满，结果被武则天逼令自杀。

陕西乾县永泰公主墓出土《阴线石雕仕女画》拓片

之由原来的门下省迁至中书省,可见裴炎在宰相班子中是处于举足轻重的地位的。裴炎原本想利用相权劝阻一下皇帝的行为,可是李显这位血气方刚,正在春风得意的新皇帝,或许是要耍耍皇帝的威风,便顶了裴炎一句:"我以天下与韦玄贞何不可,而惜侍中邪!"在中国古代社会,一直传布着一种天下属皇帝所有的观念,这位新即位的年轻皇帝,便受此观念影响,自认为可以为所欲为。殊不知,中国古代又是以礼为上的社会,礼法要求皇帝必须护卫祖宗的江山社稷,甚至规定了"天子死社稷"的责任,即必要时皇帝要履行殉国的义务,哪能随便将天下送人! 显然李显的说法是不合礼制的乱规之言。

裴炎劝阻不成,便把此事报告了太后武则天。武则天当机立断召集百官到乾元殿,裴炎与中书侍郎刘祎之、羽林将军程务挺、张虔勖勒兵入宫,当众宣布太后令,废中宗为庐陵王,扶下殿,幽于别处。丢了皇帝的李显不服,临出殿时还跟武则天顶了一句:"我何罪?"武则天回答他:"汝欲以天下与韦玄贞,何得无罪?"用一个并没有实行的思想定罪,可她的回答,又显得那么堂皇合"礼"!

就这样,在龙椅上屁股还没有坐热的中宗李显,就被武则天轻而易举地轰了下去。看来李显对于自己惯于专权的母后还没有足够的了解,他也没有从两个哥哥争权失败的遭遇中吸取应有的教训,不过,比之两个哥哥,他终究是幸运的。李显的这次被废,不仅没有株连他人,造成更多人的落难遭殃,而且,发配以后,还留给他一个庐陵王的爵位,这才有了他后来被重新扶上帝位,东山再起,母子和好的人生结局。

考究武则天的废李显之举能如此轻松,一是中宗皇帝太放肆失礼,授人以柄;二是武则天巧妙地利用了君相的矛盾,得到宰相们的支持。

前此,鉴于在和李贤的争斗中外廷失控的教训,武则天在废掉李贤时就着手改组宰相班子,陆续除掉了张大安、郝处俊、李敬玄等人,加上来恒病死,到永隆二年(681)三月时,宰相班子中武则天的反对派就只剩下李义琰一人。两年后此人因改葬父母,倚势迫使其舅家迁坟

陕西乾县永泰公主墓出土三彩骑马带鹰狩猎俑

一事，被高宗认为不可用而让其致仕退休了。这样到永淳二年（683）十二月唐高宗去世时，宰相班子中已无武则天的公开反对派。但这个班子毕竟是唐高宗在位时配置的，武则天也难以做到完全按她的意愿选人。所以，这时的宰相班子还是一批忠于李唐皇室的朝臣，作为轴心的裴炎是其中最主要的代表。他们这次之所以反对李显提其岳父韦玄贞为相，也是出自维护李唐皇室的根本利益，当然也是维护自己的相权，不容皇亲国戚染指。而武则天正是利用了他们和中宗李显的公开冲突，达到了搬掉李显的目的。

武则天为什么要废掉李显呢？我们可以这样设想，倘若武则天是出自关爱儿子的慈母心或维护李唐皇室的大局，那她完全可以采取另外一种方式处理此事，即规劝和阻止中宗任韦玄贞为相，凭她太后的地位和高宗临终赋予的"进止"权力，是只要说一句话就可以办到的，让中宗打消了任岳父为相的念头，事情也就了了。何况皇帝用自己的老丈人为相也不是什么大逆不道的事。武则天却不是这样，她采取了宫廷政变的极端方式，只凭一个宰相的任命，或者只是一句斗气的话，就废掉了一个大唐天子。她的目的只有一个，就是全力打造以自己为中心的权力中心，只要是触犯了这一条，无论是谁，哪怕是皇帝，是自己的亲儿子，也不能允许，必须整掉。

　　从心理层面讲,中国的传统文化是深深打上权力崇拜烙印的观念文化,西方人的崇拜对象是天神,从自然神到宗教神,是有神论的文化;中国宗教势力一向被王权和皇权压制,有神论的思想远不如帝王权力影响大,于是唯官、唯上,形成的权力崇拜甚至超过财富崇拜,这就是"有了权力就有了一切"的思想,我们姑且称之为"权神论"。武则天政治就是一个典型,在权力面前,一切友情、一切亲情都要让路,伤及儿女的自由乃至性命都不在话下。

　　中宗李显被废黜后贬为庐陵王,先是发配到房州(今湖北房县),短短的五天后,便转到了均州(今湖北均县西),仅过了一年,又重新迁回到房州,那是在离神农架不远的一个重重群山中的小县,李显在那里艰难地生活了4个年头。

　　在这漫长的4年间,朝廷内外发生了许多大事:他被囚禁后6年,弟弟李旦上表逊位,母后武则天走出帷帘,弃唐立周,成为一代女皇,李唐宗室子弟被杀戮者不计其数;在这期间,为了对抗武氏淫威,颠覆武则天的统治,接连发生了扬州徐敬业兵变和宗室琅琊王冲、越王贞的起兵。他们都打出了反对武则天,恢复庐陵王的

永泰公主墓墓室及石椁

旗号。面对这种动乱形势,李显担心害怕,忧心如焚。他生怕有一天母亲发觉他的存在就是一个祸害,会不念母子之情,顷刻间就把他置于死地。为此,他整日在惶恐不安中苦熬。

　　然而,此时的武则天已不是昨日的母亲武则天。随着她步入晚

年,朝廷上下矛盾加剧,尤其在她的继承人问题上使她陷入难以抉择之痛。迫于朝廷上下的人心所向,和她4年来对李显的观察,武则天最终还是决定把已经驯服了的李显迎回立为太子。李显这才在圣历元年(698)结束了4年的流亡软禁生活。

李显重新被立为太子后,吸取了过去的教训,十分注意和母亲武氏家人搞好关系,为此,他把一个女儿即后来的永泰公主嫁给了武则天的侄孙武延基,让她做了魏王武承嗣的儿媳;又把幼女即安乐公主嫁给了武则天的另一位侄孙武崇训,成了梁王武三思的儿媳。武承嗣和武三思是武周时代最有权势的武姓亲王,李显刻意巴结他俩。这一行动赢得了希望和合李武两家关系的武则天的喜欢。

然而此时在复立庐陵王,将来的天下将重归李家的大局明朗后,宫内外的矛盾最主要的已不在李武两家之间,而在幸臣张易之、张昌宗兄弟和朝臣间。二张仗势弄权,为非作歹,引起了宗室和朝廷的普遍不满。

长安元年(701)九月,李显的长子李重润和女儿永泰公主因对祖母武则天宠信二张表示不满,得罪了二张,被张易之报告武则天。结果竟是武则天逼令李重润和永泰公主夫妇自杀,一举夺去自己的孙子、孙女及孙女婿三条命。李显终于无法忍受,酝酿多年后,神龙元年(705),在李显的默许下,以宰相张柬之为首发动政变杀二张,武则天被迫让位,中宗重新复位。

重新登上皇帝宝座的第二天,中宗李显以翩

懿德太子(李重润)墓出土壁画《架鹰图》

翩姿态，亲自率领文武百官到武则天下台后居住的上阳宫问安，还为交出全部权力的母亲上尊号为"则天大圣皇帝"，名义上似褒有最高荣誉，愿意母子间在这样的背景下重归于好。中宗曾说：则天于朕躬为慈母，于士庶则为明君。可见在中宗李显的心目中他的母亲武则天是崇高而慈祥的。

　　不过这位中宗李显本人并不成器，在武则天死后，虽然重新当上了皇帝，可能因为以往曲折多难的帝王生涯，精神受到极大的损害，变得萎靡不

陕西乾县懿德太子墓出土绿釉架鹰骑马俑

振，无所作为，放纵皇后韦氏专权，干预朝政，胡作非为，直到景龙四年（710）六月，被韦氏在他吃的饼中放毒鸩杀。唐中宗仅当了5年的短命受气皇帝。

屈身求安的睿宗李旦

　　武则天的四子小儿子李旦，即后来的唐睿宗，比之三个哥哥，一生的经历要平顺许多。他是武则天的四个儿子中唯一没有受过牢狱或囚禁之苦，也是唯一寿终正寝者。

　　为什么同处一个皇室，李旦能有如此善果呢？一则是他的聪明，

睿宗手书《景云观钟铭》

第二是他步上政坛时，母亲武则天已经年迈，饱经风霜，对儿女们多了一份仁慈。睿宗李旦生性聪颖，有的史书说他"谦恭孝友，好学，工草隶，尤爱文字训诂之书"。著名的景云铜钟的铭文（钟现藏西安碑林博物馆）和武则天母亲杨氏顺陵（在今陕西咸阳）的墓碑都出自睿宗李旦之手。

睿宗李旦先后两次登上皇帝宝座，第一次是文明元年（684）至载初二年（690）；第二次是景云元年（710）至延和元年（712）。

李旦第一次登基是在中宗李显被废的第二天，即文明元年二月。他虽被立为皇帝，却只能居于别殿，不许参与政事。武则天自此"常御紫宸殿，施惨紫帐临朝"（《新唐书·则天武皇后传》）。

形式上武则天为皇帝李旦立了皇后刘氏和皇太子李成器，并改元文明，以示郑重，掩人耳目，实际上一切大政皆由她以太后身份裁决。对武则天的这种做法，许多大臣不解。亲信大臣刘仁轨上疏，"陈吕后祸败之事，以申规谏"。武则天谦恭地"玺书慰喻"，解释自己临朝称制的原因是："皇帝谅暗不言，眇身且代亲政。"（《旧唐书·刘仁轨传》）她一方面表面上公开表示会谨守太后立场，不会越礼干权，而实际上却加紧了改朝换代的准备。这一切如"司马昭之心路人皆知"，"唐宗室人人自危，众心愤惋"，一时朝廷内外气氛紧张。也就在这个时候，武则天为防患于未然，派亲信金吾将军丘神勣去巴州逼杀了废太子李贤。但武则天的杀戮并没有起到作用，不久便发生扬州兵变，徐敬业公开打出反武旗号。

平定徐敬业叛乱后，武则天又摆出一副还政的姿态。垂拱二年(686)正月，还特意下诏要还政于睿宗皇帝。聪明的李旦深知这是母亲玩的一种把戏，便表示自己坚决不同意。武则天也就顺水推舟，依旧临朝称制，继续把持朝政。不久，武则天又把李旦的几个儿子都封为亲王，看上去睿宗的帝王之尊十分显赫，实际上依然是空有虚名，继续做他的傀儡皇帝而已。时间又过了一年，武则天见时机成熟，终于露出真相，她要自己登基当皇帝了。称帝前还有声有色地上演了一出劝进闹剧。

天授元年(690)九月三日，侍御史傅游艺率关中百姓 900 人叩宫门上表，称武氏符瑞，请改唐为周。武则天当时没有答应，但心中欢喜，擢升傅游艺为给事中，以示褒奖。于是，明白武则天心志的百官及帝室宗戚，伙同远近百姓、四夷酋长、沙门、道士合 6 万人纷纷仿效，上表劝进。在这种形势逼迫下，睿宗李旦急忙表态，他也上表请求母亲荣登龙位，并自请赐姓武氏。皇帝改姓从母亲，意味着将移李氏国祚，建武氏王朝。

九月九日，这一天是重阳节，67 岁的武则天堂而皇之地接受睿宗

唐睿宗桥陵

睿宗桥陵石马

和群臣的请求,顺应天意人心,正式登基,成为"圣神皇帝",建立大周朝,改元天授。历史上把这次改唐为周的事件称为革命。睿宗被降为皇嗣,赐姓武,徙居东宫。皇嗣的身份类比太子,但是却无皇太子的名分。李旦的名字也改为"轮"。皇太子也改称为皇孙,睿宗的刘皇后自然也随从退位的夫君降为妃。

从天授元年到武则天被逼下台的神龙元年(705),李旦始终以皇嗣和相王的身份留在两京,有职无权,日子过得并不舒畅。发生在长寿二年正月初二(692 年 12 月 4 日)的皇嗣妃刘氏、窦氏双双被害一事,可以很清楚地证明这一点。

刘氏是李旦元配夫人,文明元年(684)唐睿宗即位,她被册封为皇后,六年后武则天称帝,她被降为皇嗣妃,是唐睿宗长子宁王李宪的生母。窦氏"姿容婉顺",封德妃,是李隆基即唐玄宗的生母。那一天她俩入宫贺岁,朝拜武则天于嘉豫殿,同时遇害。被杀的原因是武则天宠信的婢女韦团儿向李旦献媚求爱,被拒绝后生恨,于是作桐人偷偷埋在二妃院内,然后告发她们行诅咒武则天的厌蛊妖法。武则天听后大怒,乘二妃进宫朝拜之时,将她们害死,当时在宫中秘密埋瘗,后来唐睿宗、唐玄宗父子怎么找,尸骨也不知所在。

韦团儿还想害皇嗣李旦,有人大胆把实情上告,武则天立即将韦团儿处死。刘、窦二妃冤死后,李旦心里悲痛却口不敢言,"居太后前,容止自如",情状十分可怜。直到景云元年(710)睿宗即位后,才追谥刘氏为肃明皇后,窦氏为顺圣皇后,以帝后之礼,招魂葬于东都城南。

刘、窦二妃被害不久，德妃窦氏之母庞氏也因夜祷求解除妖异被家奴告发，银铛入狱，审理此案的监察御史薛季昶诬奏她是德妃同谋，上奏时还痛哭流涕地说："庞氏所为，臣子所不忍道。"武则天下令提拔薛季昶为给事中，庞氏处斩。危急中庞氏的儿子窦希瑊向敢于仗义执言的侍御史徐有功讼冤，由于徐有功的谏争，庞氏才免于一死，仍与其三子流放岭表，远贬两广，徐有功也因此被除名，丢掉一切官职待遇。

圣历元年（698）三月，被废黜为庐陵王的中宗李显被武则天召回后，睿宗李旦"数称病不朝，请让位于中宗"，聪明地避免了与兄长李显的太子之争。中宗即位后，曾封睿宗为安国相王，拜太尉，以宰相身份参政。不久，中宗又欲把睿宗立为皇太弟，有意身后传位给他。但这一切都因睿宗上表辞让而作罢。正如《旧唐书·睿宗纪》所言："自则天初临朝及革命之际，王室屡有变故，帝（睿宗）每恭俭退让，竟免于祸。"睿宗一次次的温良恭让，足以表明他的睿智贤达，这也使他能够始终一生平安，成为武则天四个儿子中最幸运的一个。他和母亲武则天更谈不上什么仇怨。睿宗执政后的延和元年（712）还追尊武则天为"天后圣帝"。他和其兄中宗一样，也是承认母亲的皇帝名分的。

至于武则天所生的两个女儿，长女在襁褓中即被武则天扼死，二女儿太平公主因受武则天的娇惯，骄傲一世，屡生事端，终因筹划兵变，于先天二年（713）被玄宗李隆基赐死于家中，也未得善终。

当我们用很大的篇幅一一阐述了武则天所生的六个子女，主要是四个儿子的人生经历后，便很清晰地看到，六人中，除四子李旦外，全都死于非命，而且半数为母亲武则天所害。人间最美好的母子感情，在武则天和她的儿女间竟充满了凶残的杀戮。在武则天一步一步登上女皇宝座的道路上，流淌着她的儿女，还有孙儿、孙女无辜的鲜血。这位成功的女皇，却是一位失败的母亲。当然，在漫长的中国古代封建社会，为了争夺皇位，父子间、兄弟间反目为仇、兵刃相见的事例，可以举不胜举。但达到武则天这种程度的还的确少见。为此，历史上武

桥陵独角兽

则天留下了"一个蛇蝎之心的母亲"的骂名,也留下了一个个难以搞清楚的谜案。

那么,究竟怎样认识和理解武则天和她的儿女们之间的关系,怎样解释其间发生的那些惊心动魄,甚至惨不忍睹的故事,才符合历史的真实,才能还原绝代女皇武则天的本来面目呢?

黑格尔在他的《历史哲学》一书中曾这样指出:"历史人物在他迈步前进的途中,不免要践踏许多无辜的花朵,踩躏不少好东西。"他还说:"道德规范有时是不足以衡量历史进程的,人类的发展决不是善良和幸运相得益彰的坦途。"中国古代社会王朝更替的历史一再证明,一切传统的道德和礼制在皇权更替的残酷斗争中往往被撕得粉碎,鲜血淋漓,取得成就愈大的帝王愈是如此。武则天之前开创贞观之治的唐太宗李世民,武则天之后缔造开元盛世的唐玄宗李隆基,莫不如此。这就是现代文明社会之前的历史。武则天和她的儿女们就是在那样一种政治氛围中活过来的,如果我们无奈地承认这些道理和事实,又怎么用是非善恶来衡量他们之间的对与错呢? 要记取的恐怕只是让那吞噬母子、母女亲情的残酷政治,连同那时代,永远远离我们的生活。

第四章

挡我者死——武则天与先朝元老

「顾命大臣」难顾命

徐敬业扬州起兵

贞观二十三年(649)五月,唐太宗病逝。他在弥留之际,很不放心地把太尉长孙无忌、宰相褚遂良召到病榻前,语重心长地对他们说:太子仁厚,望公等忠心辅佐之。并一再叮咛即将继位的太子李治,一定要尊重这些元老,有他们辅佐,你可无忧于天下。为了长久之计,唐太宗还特意把这件事关祖宗社稷的"托孤"之事,写进了由他口授、褚遂良执笔的遗诏之中。

　　除长孙无忌、褚遂良外,唐太宗安排的宰相班子中,还有李勣、柳奭、韩瑗、来济、于志宁等人。他们均是深受唐太宗器重和信任的贞观元老,其中,长孙无忌、柳奭、韩瑗还是皇亲国戚,在朝中拥有很大的权势。

　　唐太宗满以为凭着唐高宗李治的仁厚和这些元老重臣们的忠心辅佐,便可以江山永固,福荫子孙了。然而,他万万没有想到,他死后,仅过了短短的 10 年时间,到显庆四年(659),他安排的这个"顾命大臣"班子就被连窝端掉,他精心打造的"航空母舰"迅速沉没。李家王朝亦处于风雨飘摇之中,直至被武则天缔造的武周王朝取代。显然,武则天要比这些貌似强大的先朝元老们,更加强大了许多。

"顾命大臣"难顾命

　　唐太宗安排的这些"顾命大臣"的迅速毁灭,起因于发生在永徽五年(654)的"废立皇后"事件。我们在前面阐述武则天与唐高宗关系的一章中,已经初步勾勒了这个事件的大致轮廓,讲述了武则天在唐高宗的支持下,借"小公主被害"一案,废王皇后、罢柳奭和褚遂良的过程。

让我们重新回到这个事件中,接下来看看武则天在被立为皇后之后,朝中又发生了哪些事情? 武则天是怎样运用权力和智慧,把昔日权倾朝野、不可一世的顾命大臣长孙无忌和他的追随者一一置于死地的?

永徽六年(655)十月,唐高宗下诏废王皇后立武则天为皇后。武则天凭借她的美貌和才智,终于如愿以偿入主中宫。这一天距她二次入宫仅仅过了短短的 4 年时间,足见其在宫廷斗争中克敌制胜的能量之大。

武则天一入主中宫便把复仇的怒火烧向王皇后和萧淑妃。这时的王、萧二人均已被废为庶人,打入冷宫,囚于别院,武则天为了防止她们东山再起,还是迫不及待地令人将她们"皆缢杀之",以绝后患。

关于王、萧二人被处死的过程,史书中有十分详细的记载。书曰:

> 初囚,高宗念之,闲行至其所,见其室封闭极密,惟开一窍通食器出入。高宗恻然,呼曰:"皇后、淑妃安在?"庶人泣而对曰:"妾等得罪,废弃为宫婢,何得更有尊称,名为皇后?"言讫悲咽,又曰:"今至尊思及畴昔,使妾等再见日月,出入院中,望改此院名为'回心院',妾等再生之幸。"高宗曰:"朕即有处置。"武后知之,令人杖庶人及萧氏各一百,截去手足,投入酒瓮中,曰:"令此二妪骨醉!"数日而卒。(《旧唐书·唐高宗废后王氏传》)

这段读来令人毛骨耸然的描写,尽管有明显的渲染夸大之词,且细节又极似汉史上所记吕后杀戚夫人的过程,故难脱抄袭之嫌,但王、萧二人受尽屈辱而死,应是毋庸置疑的事实。王、萧二人均被武氏迫害而死,也是真的历史。

　　处死王皇后和萧淑妃，免除了危及她皇后宝座最大的隐患之后，紧接着，武则天大动干戈，接二连三地出手，又把复仇的怒火烧向那些反对她入主中宫的大臣们。

　　首先遭到打击的便是宰相韩瑗和来济。这两人曾反对她由昭仪晋升宸妃，后又呼应褚遂良泣谏唐高宗，阻挠立武则天为后。本来，武则天还想网开一面，对此二人曾有过笼络之心。她在皇帝下诏立她为皇后的第二天，就上了一份表奏要求褒赏去年"面折廷争"阻止她升为宸妃的韩瑗和来济。为这旧事重提，韩瑗、来济心中忐忑不安，忧惧之余，"屡请去位"。武则天之所以对这两个已有积怨的朝臣提出褒赏，权且看作她为了更有效地打击更主要的政敌，而采取的一种分化瓦解政敌的谋略吧！可是，这二人偏偏不知趣，不久又为褚遂良讼冤。韩瑗上疏称，"遂良体国忘家，捐身殉物，风霜其操，铁石其心"，请求"稍宽非罪，以顺人情"。还说"陛下无故弃逐旧臣，恐非国家之福"。对于褚遂良这样的入宫 40 余年的朝廷元老，其功其冤，唐高宗心里不是不知道，但恨他"悖戾好犯上，故以此责之"。说得明白些，就是不容褚遂良凭借朝廷元老的资格给自己出难题。唐高宗李治虽素称懦弱，但他当皇帝以后也不甘心受制于这些先朝遗老，一心要摆脱长孙无忌、褚遂良等人的包围控挟。

　　韩瑗见疏奏无效，要求解职归田，又不准。至此武则天忍无可忍了。要知道，褚遂良是武则天恨之入骨的死敌，他叩血死谏唐高宗，差点让武则天的入主中宫美梦破灭。韩、来二人极力为褚遂良讼冤，这是明摆着要和她作对，武则天岂能罢休！韩、来二人大祸临头已不可避免。

　　显庆二年（657），许敬宗、李义府秉承皇后旨意，诬奏新任宰相韩瑗、来济与褚遂良潜谋不轨，编造的理由是韩、来利用手中的权力安排褚遂良由潭州都督改任桂林都督，意在搞里应外合，因为桂州（今广西桂林）向来是兵家用武之地。这年八月，韩、来二人被分别贬到振州（今海南崖县西）、台州（今浙江临海）当刺史，且"终身不许朝觐"。唐朝规定地方长官定期朝集,在年节前入京朝贺,贡献地方特产,汇报地方政务。武则天之所以给韩、来二人另加"终身不许朝觐"的特别处分,实际上是为了堵死他们再次进京面君之路,使之有冤无处伸、有话无处说,陷于万劫不复的困境。两年后,韩瑗死在振州任上。五年后,来济在庭州(今新疆吉木萨尔)刺史任上,与突厥作战阵亡。

褚遂良自然难逃劫运,因受韩瑗、来济一案牵连,褚遂良又被远贬爱州(今越南清化),另一位已被罢相的老臣柳奭从荣州贬往象州(今广西象州东北)。褚遂良到爱州后曾哀哀上表高宗,陈述自己为皇上固争太子位,又受太宗遗诏辅政的种种功绩,恳求"蝼蚁余齿,乞陛下哀怜"。

在唐朝历史上,褚遂良也算一代名臣,又以文才书法扬名自负。他从唐朝开国初的武德初年从薛举手下归唐,40年苦苦攀登才爬上宰相高位,不想只因反对一个女人,年逾60时却反遭贬谪,远放边州,苦苦哀告却如石沉大海,心情沮丧,一蹶不起,到爱州的第二年便郁闷死于贬所。

随着褚遂良的死去,太宗临终前托付的辅佐老臣,死的死,贬的贬,权倾一时,曾极力反对武则天入主中宫的长孙无忌集团业已土崩瓦解。最后,作为这个集团首脑人物的长孙无忌的末日也来临了。

与褚遂良相比,长孙无忌更是一个名震史册,权倾朝野的大人物。此人的先世是北魏宗室拔拔氏之长房,故改姓为长孙氏。大唐开国时就随从唐太宗李世民征战沙场,又

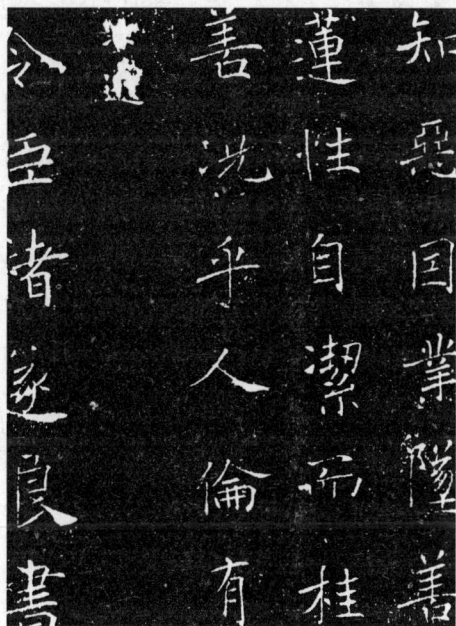

褚遂良书法

参与策划了"玄武门之变",扶李世民登基称帝,其妹是唐太宗的结发妻子。因此,他兼有开国功臣、佐命元勋和顾命老臣、国舅爷的特殊身份。唐太宗所定的24名凌烟阁功臣中,他排名第一。终贞观之世,他一直高踞相位。唐高宗对这位亲舅舅更是倍加尊崇,永徽元年(650)洛阳人李弘泰告长孙无忌谋反,唐高宗二话不问就将李弘泰斩首,足见长孙无忌在朝廷中不容置疑的显赫地位。

在王皇后和武则天的废立问题上,长孙无忌始终是保王皇后一派的主心骨。对此,武则天早已怀恨在心,但她也深知,要扳倒长孙无忌这棵横在她前进道路上的参天大树,又绝非一朝一夕即可办到的事,为此她当了皇后以后还隐忍了数年,直到她逐一剪除其党羽,一连扳倒柳奭、褚遂良等四名宰相后,才于显庆四年(659)春指使许敬宗精心设计了一个朋党案,硬是把长孙无忌牵扯进去。

关于这个事件,史籍记载一片混乱,枝蔓丛生,已很难知道详情。比较可信的过程是:许敬宗奉敕审鞫太子洗马韦季方和监察御史李巢,案子本来不大,属一般官员的一起朋党案。由于许敬宗在审案中,严刑逼供,韦季方熬不过,自刺不死。许敬宗乘机扩大事态,说他们与长孙无忌谋反,事情败露后企图畏罪自杀。高宗惊讶元舅怎么会谋反,许敬宗煞有介事地说:"无忌与先朝谋取天下,众人服其智;作宰相三十年,百姓畏其威。可谓威能服物,智能动众。臣恐无忌知事露,即为急计,攘袂一呼,啸命同恶,必为宗庙深忧。"许敬宗还讲了隋亡的一段历史,宇文化及父子两代受隋室信重,其弟士及娶隋炀帝之女南阳公主,如此关联,最后还是作乱于江都,将隋朝倾覆。

在许敬宗的摇唇鼓舌下,高宗将信将疑,令许敬宗再审。第二天,许敬宗又编造了韦季方的供词:韩瑗曾对长孙无忌说,柳奭、褚遂良劝你立梁王为太子,现在梁王废了,皇上已怀疑你。长孙无忌又看到自己的表弟高履行被放了外官,本家侄子长孙祥也被调出京城,韩瑗又获罪,便日夜与韦季方等谋反。高宗听了仍在犹豫,他实在不忍心处分元舅无忌,担心后代史官说自己不能善待亲戚。许敬宗再鼓舌簧:

懿德太子（李重润）墓出土彩绘贴金骑马陶俑

懿德太子李重润，唐中宗李显之子，武则天的亲孙子，长安元年（701）因对武则天宠信二张表示不满被武则天逼令自杀。这也为后来"五王政变"、武则天被迫让位埋下了祸根。

陕西礼泉李贞墓出土骑马奏乐三彩俑

688年，武则天上尊号"圣母神皇"，为正式称帝迈出了重要一步。也导致了李唐宗室纷纷打出反武旗号，起兵反叛。越王李贞即是其中重要的一支力量。结果，兵变很快被武则天镇压，李唐宗室也被诛杀殆尽。至此，武则天称帝已是顺理成章之事了。

"今无忌忘先朝之大德，舍陛下之至亲，听受邪谋，遂怀悖逆，意在涂炭生灵……臣闻当断不断，反受其乱，大机之事，间不容发，若少迟延，恐即生变，惟请早决！"

终于，高宗被许敬宗这番危言耸听的言辞搞昏了头，在有人要谋取皇帝宝座的大事上，他也是宁信其有，不信其无，竟未亲自去问问长孙无忌谋反的理由，便听信许敬宗的一面之辞，匆匆下诏削去长孙无忌的官爵，流放黔州（今四川彭水），发兵立即遣送。

可怜长孙无忌这位开国功臣，长期主持法制工作，又编撰了唐律的定本《唐律疏议》的太尉公，轮到自己，竟连申辩一句的机会都没有，便被认定有罪，遣送流放地。只是仍准按一品供给伙食，每天有细白米2升，油5斤，炭10斤，每月还给羊20口，猪肉60斤，鱼30条，酒9斗，算作皇帝对这位长辈的优待。

为讨武则天欢心，斩草除根，防止死灰复燃，许敬宗并未就此罢休。他接着又编造理由列出一批此案可以株连的人上奏皇上。其中有已经被罢相的褚遂良、柳奭、韩瑗、于志宁等前朝重臣，还有长孙无忌的从弟渝州刺史长孙知仁、族弟长孙恩、儿子驸马都尉长孙冲、族子驸马都尉长孙铨、长孙祥、褚遂良之子褚彦甫、褚彦冲等一批长孙无忌和褚遂良的子弟亲戚，这批人或流放，或诛杀，被铲除殆尽。

其中有一位刺史赵持满，死得很惨。赵持满是韩瑗的内侄，长孙无忌族弟长孙铨的外甥，他善骑射，在军事上很有一些本领，许敬宗借口怕他学三国时的马超反西凉，便召回京师，株连下狱。在狱中，他屡遭酷刑拷打，仍不认罪，最后还是以与长孙无忌同反的罪名被杀。死

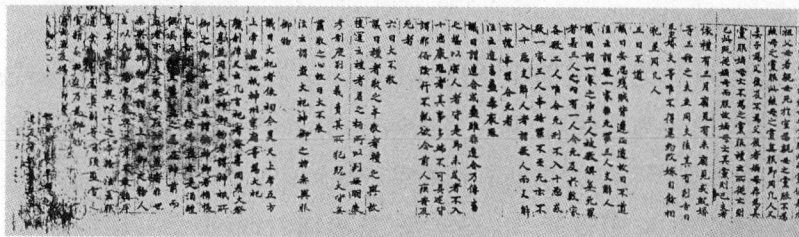

敦煌《唐律疏议》残卷

后,家人不敢前去收尸,是已被废掉的王皇后的从祖兄王方翼看不过去,以栾布哭彭越之义,冒死将他埋葬。

这年七月,许敬宗又借奉旨覆按之便,遣同党袁公瑜往黔州,逼长孙无忌自缢,追杀柳奭于象州。韩瑗虽死,亦开棺验尸。又有长孙氏、柳氏、于氏家族中的不少人被贬降。宰相于志宁家这时也被扯进去,许敬宗给他定的罪名是"党附无忌"。其实,如前面所述,于志宁在讨论立武则天为皇后时并未讲话,问题出在更早些时候,他不慎卷入了立李忠为太子的事件。对此,武则天也记恨在心,借着长孙无忌"谋反"一案,把他也收拾了。

后人在追述长孙无忌之死时,曾引用了长孙皇后的一些话,至今读来仍发人深省。聪明贤慧的长孙皇后久居宫中,熟谙官场的险恶。生前一再向夫君唐太宗表示,自己"托身禁宫,尊贵已极,实不愿兄弟子侄布列朝廷",她以汉代外戚吕、霍两家祸败为切骨之戒,提出不要用长孙无忌为宰相。临终遗言还讲"欲使其子孙保全,慎勿处事权要"。可悲的是,长孙无忌不听皇后妹妹的忠告,贪权恋栈,横行于官场,最终惹火烧身,殃及满门。凭他皇帝元舅的身份,凭他40年效忠李唐王朝的功劳苦劳,竟不敌许敬宗的一纸御状。一个贵极人臣的太尉公,竟连自己的生存权也毫无保障。不知在被逼上吊那一刻,他是否为自己贪图权势、迷恋官场,未听皇后妹妹的话而懊悔。

长孙无忌之死,无疑向世人诠释了专制皇权社会下官场的黑暗腐败的凶险。一人得道,鸡犬升天;一人犯法,满门抄斩。让人百思不得其解的是,葬送了多少长孙无忌的险恶官场,却总是有那么多人趋之若鹜,至死不悟。

铲除长孙无忌集团,整整用时8年。这是从永徽二年(651)武则天二次进宫封为昭仪起,算到显庆四年(659)长孙无忌被逼自缢而死为止,是武则天称帝之前所进行的第一场时间久、涉及人数多、进程最为复杂险恶的殊死斗争。这场斗争,从表面看,似乎是一场后宫与朝中重臣之间所进行的寻常的权力之争,但是,如果我们把这场斗争放到剖析中国历史进程的大背景下去研究，就不难看出这是一场有深刻社会内容的历史事件。

　　中国中古社会，如果以分成前后两期而论，前期以身份性的世族门阀地主奴役更接近农奴身份的依附农民的生产关系为特征，实行世袭性很强的门阀贵族政治；后期则普遍流行非身份性的普通地主剥削半自由的佃农的生产关系，实行非世袭性的科举官僚政治。这反映着生产力进一步的个体化和人身依附关系相对松弛的历史发展进程。西魏北周和隋唐前期，正是处于完成这一历史转变的过渡时期。当时执政的关陇集团是从武川起家的军事贵族，无论宇文泰、杨忠（隋文帝杨坚之父）、李虎（唐高祖李渊之祖父），当年都是守边军主。元魏政权迁都洛阳后分氏定族，把他们先人排斥在外，怨愤之余，他们卷入六镇兵变和河北起兵，开创了西魏北周和后来的隋唐政权。这一从府兵八柱国十二大将军系统起来的关陇军事贵族集团，与过去曾压抑他们的衰世旧门不同，在推动国家统一和社会进步方面有过生气勃勃的表现，他们中的杰出代表宇文泰、宇文邕、杨坚、杨广、李渊、李世民一脉相承，创立了轰轰烈烈的帝业。但在当时社会条件下，他们做了皇帝，有了最高门第，几代下来，不论是否在位，也有奕世高门的地位，门阀观念沁心铭骨。在一定程度上他们又成了维护旧秩序的新代表。他们为了稳固以自己为核心的新门阀，常常排斥寒门俊杰。即使有任人唯贤之誉的唐太宗也不例外，他在晚年也开始疏忌魏徵、刘洎、张亮、李勣等出自山东、江陵的贤臣良相，临终前把国事托付给关陇集团的首脑人物长孙无忌和早已投靠长孙氏的褚遂良，在高宗即位以后至武则天立为皇后之前的一段时间里，长孙无忌、褚遂良操纵朝政，新提拔了六名宰相：于志宁、柳奭、宇文节、韩瑗、来济、崔敦礼，全都是周隋大臣后代的"高干子弟"，延续了关陇集团执政的历史。这种以门阀取人的政策显然和大唐帝国开放发展的历史进程背道而驰。他们勾结在一起，结为死党，并策划了立李忠为太子，死保王皇后，及以择后必须"天下令族"、"礼义名家"为由，坚决反对立武则天为后等一系列事件，其实质都是为保持他们关陇集团当权的一党私利。

武则天只得从关陇集团之外培植力量,她物色了李义府、许敬宗、王德俭、袁公瑜、崔义玄等人为自己的打手,并取得了山东寒族地主出身的宰相李勣的支持,运用自己的聪明才智和把握时机的能力,与庞大的关陇集团抗争,并最终取得了胜利,开创了历史向门阀后时代转变的新局面。正是在这个意义上,国学大师陈寅恪先生说:立武后诏之发布,"在吾国中古史上为一转捩点"。

徐敬业扬州起兵

在唐太宗留给高宗朝的元老中,李勣是唯一可称善终者,当初,就是由于他的支持,高宗才最后下了废王皇后立武则天为后的决心。在高宗与武则天共同执政的"二圣"时期,李勣仍忠于职守,做了大量工作。总章元年(668)李勣已步入晚年,还亲自率兵出征高丽,攻克平壤。然而,历史仿佛是和人开玩笑似的,正是李勣的孙子徐敬业在长孙无忌集团被铲除后的 20 多年,又兴兵作乱,掀起了一场颠覆武则天统治的血雨腥风,即发生在文明元年(684)的扬州叛乱。这场叛乱发生时,李勣已经去世,却也反映了李唐旧廷与武则天之间在新形势下的尖锐对立。

随着王皇后—长孙无忌集团的覆灭,政归宫中,武则天被委以政事,开始了"二圣"时代。此期间,虽社会相对稳定,宫中却屡出大事,显庆五年(660)太子李忠被废为庶人,立李弘为太子;上元二年(675)太子李弘暴病而亡,改立李贤为太子;永隆元年(680)李贤又被废,改立李显为太子。伴随着这一任任太子的亡废,宫中李唐宗室旧臣与武则天之间的矛盾日趋加剧。弘道元年(683)唐高宗去世,太子李显即位。唐中宗即位仅过了几个月,便被武则天废黜,立第四子李旦为皇帝即唐睿宗,但不许参与政事。"唐宗室人人自危,众心愤惋"。"光复大唐""中兴唐室"的情绪在一些李唐臣僚中间弥漫着,一触即发,终于

李勣墓

酿成一场战乱。

文明元年（684）二月，徐敬业公开起兵，打出了反武旗号。

徐敬业，即李勣的孙子。起兵时，他叫李敬业。李勣的原名叫徐茂公，唐太宗即位后，因念其功，被赐姓李，更名为李勣。

策划扬州起兵的骨干分子是一伙因事被武则天贬官而心怀不满的中小官僚，这些人中，徐敬业由眉州刺史被贬为柳州司马，其弟周至令徐敬猷被免官，长安主簿骆宾王被贬临海丞，詹事司直杜求仁被贬黟令，还有从御史、周至尉一贬再贬的魏思温等，他们"各以失职怨望，乃谋作乱"，起兵的公开理由是"匡复庐陵王"。

文明元年（684）二月，他们设计以谋反罪名抓了扬州长史陈敬之，又称奉密旨起兵，占据了扬州。在短短的十几天的时间里就聚集起一支十来万人的军队。

扬州处在大运河与长江交汇处，距出海口不远，是国内外交通的重要枢纽，9世纪的大食地理学家伊本·考尔大贝称赞扬州为古代东方四大商港之一。国内商业城市，"扬一益二"，扬州比成都更加发达，号称富甲天下。长安、洛阳两京的粮食靠江浙供给，从扬州转运，每年多达数百万石。扬州控制着隋、唐时期经济命脉的大运河，地理位置十分重要。自隋代平陈毁建康城后，扬州又成为控制东南的战略军事重镇。徐敬业一起兵就火速占领了扬州，对武则天临朝未久的政权不啻是当头一棒。

李勣墓出土的铜冠

更糟糕的是，北边又有楚州（今江苏淮安）司马李崇福率所部山阳、盐城、安宜三县响应，楚州属县中惟一不从叛军的盱眙不久也被徐敬业部攻陷了都梁山，这样叛军就打通了江淮间邗沟段运河，在军事上处于有利地位。

徐敬业本可以渡淮北上，直取洛阳，与政府军一决胜负。这也是军师魏思温的主张。但多数人却意图割据东南，走南北朝时南北对峙的老路，认为"金陵王气犹在，大江设险，可以自固"。错误的形势分析导致了错误的战略和行军路线，他们没有北上，而掉头向南渡江攻打润州（今江苏镇江）去了，以期夺取常、润等州，成分裂割据东南的霸业。

面对叛火的越燃越烈，武则天不敢有丝毫大意，紧急调动30万大军，派淮安王李神通（唐高祖李渊堂弟）之子李孝逸统率，从洛阳沿运河汴水东南而下。这时已攻陷润州的徐敬业急忙回军，将兵力部署在运河沿线的高邮、淮阴、都梁山三处。李孝逸军进至临淮（古泗州，在淮水北岸，1680年淮河泛滥时古城没入洪泽湖）与叛军隔水对峙。

战幕在盱眙都梁山拉开。都梁山今称第一山，得名于米芾诗。北宋时他从汴京南航，一路平川，由汴入淮时初见这淮南雄山，留诗曰：

> 京洛风尘千里还，船头出汴翠屏间。
>
> 莫论衡霍撞星斗，且是东南第一山。

这虽称"第一山"的都梁山，论其雄姿秀色，实难与衡岳等名山相比，纯系诗人的借景抒情而已。

战斗打响后，开始，由于李孝逸按兵不动，战局对唐军不利。李孝逸出自他为李唐宗室的立场，对这场战事并不热心，持观望态度。监军魏元忠警告他："朝廷以公王室懿亲，故委以阃外之事，天下安危，实资一决"，如果大军留而不进，难逃逗挠之罪，"祸难至矣"。李孝逸这才重新出兵，击斩徐敬业部下尉迟昭于都梁山。但叛军别将韦超仍占据山头，凭险自固。山陡难攻，步骑兵都施展不开。

对于这仗怎么打，唐军内部发生了争议。多数将领主张放弃攻山，绕过盱眙，直取江都，或与下阿徐敬业主力决战。但盱眙地处汴水入淮口，支度使薛克扬认为盱眙之战是全局关键，拿下盱眙不仅能解除对洛阳的威胁，而且"举都梁，则淮阴、高邮望风瓦解"。监军魏元忠也认为不能先打徐敬业，应打守淮阴的徐敬猷，敬猷兵弱，可一战而克，等徐敬业得到消息，想救援也来不及，然后乘胜追击，直取敬业。于是唐军猛攻盱眙，韦超夜逃。唐军又顺流而下击败徐敬猷，最后在高邮下阿溪与徐敬业展开决战。

唐军后军总管苏孝祥率 5000 兵渡溪作战，战败阵亡。士卒溺死溪中者过半。李孝逸又欲退兵，魏元忠坚持要打，建议改用火攻，终于大败叛军，斩首 7000，溺死者无数，徐敬业、徐敬猷、骆宾王等溃逃江都，想出海奔高丽，在海陵因风阻不能起航，部将王那相将他们斩首降唐。余党唐之奇、魏思温等亦被抓获，传首东都。

从九月到十一月，前后 49 天，扬、润、楚三州俱平，10 万叛军烟消云散。这场暴乱虽来势汹汹，毕竟只像几片轻飔的浮云一样飘荡而去，"扬州构逆，殆有五旬，而海内晏然，纤尘不动"，没有形成真正的风雨，也没有留下什么痕迹便消逝了。抹去战争的乱云，留给历史的也许只是一篇值得一读的"美文"，一段传为美谈的"佳话"。

这篇"美文"，便是这次徐敬业起兵造反时发布的一篇讨伐武则天的檄文，后来被名为《讨武曌檄》，为骆宾王所写。文章不长，全文摘录如下：

伪临朝武氏者，人非温顺，地实寒微。昔充太宗下陈，尝以更衣入侍，洎乎晚节，秽乱春宫，密隐先帝之私，阴图后庭之嬖。入门见嫉，蛾眉不肯让人；掩袖工谗，狐媚偏能惑主。践元后于翚翟，陷吾君于聚麀。加以虺蜴为心，豺狼成性，近狎邪僻，残害忠良，杀姊屠兄，弑君鸩母。人神之所同嫉，天地之所不容。犹复包藏祸心，窥窃神器。君之爱子，幽之于别宫；贼之宗盟，委之以重任。呜呼！霍子孟之不作，朱虚侯之已亡。燕啄皇孙，知汉祚之将尽；龙漦帝后，识夏廷之遽衰。

敬业，皇唐旧臣，公侯冢胤，奉先君之成业，荷本朝之旧恩。宋微子之兴悲，良有以也；袁君山之流涕，岂徒然哉！是用气愤风云，志安社稷，因天下之失望，顺宇内之推心，爰举义旗，誓清妖孽。南连百越，北尽三河，铁骑成群，玉轴相接。海陵红粟，仓储之积靡穷；江浦黄旗，匡复之功何远。班声动而北风起，剑气冲而南斗平。喑呜则山岳崩颓，叱咤则风云变色。以此制敌，何敌不摧？以此图功，何功不克？

公等或家传汉爵，或地协周亲，或膺重寄于爪牙，或受顾命于宣室。言犹在耳，忠岂忘心？一抔之土未干，六尺之孤何托？倘能转祸为福，送往事居，共立勤王之师，无废旧君之命，凡诸爵赏，同裂山河。请看今日之域中，竟是谁家之天下！

此文情感浓烈如火，用语尖刻似刀，一气呵成，名句叠出，极富煽动性和感染力。乃至武则天读到此文时，竟被这篇对自己极尽谩骂攻击之能事的檄文的文采打动，赞赏有加，询问作者是谁，说："宰相之过也。人有如此才，而使之流落不偶乎！"面对如此恶己之人，竟生人才为我所用之心，显示了武则天政治家的胸怀和见识。鲁迅先生在他的《捣鬼心传》中曾提到这篇檄文。他对武则天看过之后"不过微微一笑"，"如此而已"的姿态颇为欣赏。林语堂先生也认为这篇文字对武后名誉之损害，远胜过十万大军，而武则天看后一笑置之，成千古美谈。

檄文作者骆宾王，义乌人，在唐代文坛也是位赫赫有名的人物，与王勃、杨炯、卢照邻齐名，合称"初唐四杰"。其文学成就远在被武则天诛杀的上官仪之上。不知他临死前是否听到了武则天对他的赞赏。倘若能听到，又会产生怎样的想法？《全唐诗》中录有他写的《在狱咏蝉》一首，是很有名的："西陆蝉声唱，南冠客思侵。那堪玄鬓影，来对白头吟。露重飞难进，风多响易沉。无人信高洁，谁为表予心。"是否可看作他对自己悲惨的人生结局，在伤感之余已有所懊悔？传说骆宾王兵败后，遁入空门，在杭州灵隐寺为僧。《太平广记》中还记载了一段有关他的雅事：

骆宾王像

　　唐考工员外郎宋之问以事贬黜，后放还，至江南，游灵隐寺。夜月极明，长廊行吟，为诗曰："鹫岭郁岧峣，龙宫锁寂寥"，第一联搜奇覃思,终不如意。有老僧点长命灯,坐大禅床,因问:"少年久不寐,而吟讽甚苦,何耶?"之问答曰:"弟子业诗,适遇欲题此寺,而兴思不属。"僧曰:"试吟上联。"即吟与之,再三吟讽,因曰:何不云"楼观沧海日,门对浙江潮。"之问愕然。……迟明更访之,则不复见矣,寺僧有知者曰"骆宾王也"。

彻底扑灭徐敬业的叛乱之火,是武则天一生中所经历的一场最大的军事危机。她之所以能迅速取胜,首先是具有明显的军事优势,除前方军队是 30 万正规军对 10 万乌合之众之外,武则天还能派出左鹰扬大将军黑齿常之为江南道大总管,配合扬州道大总管李孝逸,实际上这一路后续部队,人马未动,前方已传捷报。

人心向背也是重要因素。最先被胁迫卷入此次叛乱的是人身不自由的囚徒,和身份低于编户的杂户、工匠。农民和其他劳动阶层"思安久矣",不支持徐敬业等人企图分裂割据的战争,普通地主也不愿意卷入叛乱。一部分门阀官僚虽有反武倾向,但因形势所迫,也未敢轻举妄动。因此,局部范围的叛乱并没有动摇全国基本稳定的政局。

地方官中响应徐敬业的也只有寥寥几个,相反倒是有一批文武官员以死表示对中央政权和武则天的忠心。如徐敬业的叔父润州刺史徐思文即不从叛乱,先秘密遣使向上报告徐敬业阴谋反叛的消息,后又拒守润州,力屈城陷。此役中润州司马刘延嗣被俘后宁死不降。果毅都尉成三郎被叛军俘后问斩时大呼:"我死,妻子受荣;尔死,妻子籍没,尔终不及我也!"

在策略上,武则天当时虽临朝称制,但形式上还是保存了李唐皇帝。在此半年前她又毫不迟疑地派人杀了李贤,也就防止了有人奉真李贤与她对抗的可能,使得徐敬业在叛乱时为蒙蔽民众,散布"贤不死,亡在此城中,令吾属举兵",但只能找一个貌似太子贤的人来招摇过市,可见武则天杀李贤是很有预见的政治行动。

　　当然，我们也不能忘记，正是大运河为 30 万唐军的调动和粮草供给提供了运输方便，平叛战争的胜利应有新开凿不久的大运河的一份贡献。

　　武则天扬州平叛的胜利是一件有积极意义的历史事件，与在此前后所进行的宫廷斗争有性质上的不同。可以设想，如果这场叛乱不能迅速平息，再回复到一个世纪以前南北分裂局面，那么，历史的进程就将变得曲折，初唐社会经济持续上升的势头就将中断，30 年后的开元盛世也将不可能出现。更重要的是，通过平定扬州叛乱一役，她又一次威震朝野。

第五章

血雨皇家事——武则天与李唐宗室

平定诸王叛乱

斩草除根

武则天从第二次入宫到改唐为周，称圣神皇帝，成为中国历史上空前绝后的一代女皇，在近 40 年的漫长岁月中，武则天地位的每一次改变，都遇到了李唐宗室的强烈抵制和对抗。

唐高祖李渊和唐太宗李世民子女众多，唐高祖有 22 子，19 女；唐太宗有 14 子，22 女，形成了一个庞大的李唐宗族。唐太宗去世后，高祖与太宗的儿子们除太子李治即位成为新一代帝王外，其他都被封王，散布在全国各地。他们各有各的势力范围和政治基础，成为武则天称帝最具威胁的潜在力量。为了自己的既得利益，那些李姓皇室的遗老遗少们，无论如何也不会眼睁睁地看着先帝开创的辉煌帝业让一个女人攫取而代之；雄心勃勃的武则天，也不会因李唐宗室的存在和反对，而中止向帝位攀登的步伐，武则天与李唐宗室之间势不两立，斗争不可避免。

平定诸王叛乱

在武则天作为昭仪来到唐高宗身边的那一段时间，李唐诸王们并未站出来公开反对，只是把事情寄托于朝中的皇后和顾命大臣们，开始时他们也实在是小觑了她。武则天与王皇后—长孙无忌集团不择手段的斗争，实质上是武则天与李唐宗室的第一次较量。这才让他们如梦初醒，但也不得不接受较量的结果，王皇后—长孙无忌集团的被彻底摧毁，连唐高宗的庶出长子太子李忠也成为这场斗争的牺牲品。

李忠 10 岁时,柳奭、长孙无忌们为赶在武则天生子之前抢占太子位而被立为太子。4 年后的显庆元年(656)被废为梁王,署为梁州都督,转房州刺史。他成年后,精神恍惚不定,或私衣妇人之服以防刺客,或因妖梦自占吉凶。显庆五年(660)被人告发,废为庶人,更徙黔州囚于李承乾故宅。上官仪事败后,因被告发——多半是诬告——与宦官王伏胜合谋颠覆武则天而被处死,年仅 22 岁便做了政治倾轧的可怜牺牲品。他本人大概至死也弄不清楚是怎样糊里糊涂地被历史作弄的。

唐高宗去世(683),唐中宗又被废以后(684),武则天名义上立李旦为皇帝,实际上开始了"圣衷独断"的"武则天时代",从而引发了文明元年(684)的徐敬业叛乱。徐敬业打出反武旗号的借口是"匡复大唐","匡复庐陵王"。从而不难看出,这是李唐的残余势力与武则天的又一次较量。这场较量的结果,又以徐敬业叛军的迅速被镇压而结束。

平定徐敬业叛乱后,武则天的威望与日俱增,其政治势力不断扩大,朝中的武则天亲信和武氏子弟乘势活动,加快了建立武氏政权的步伐。而李唐王室的残余势力不会甘心失败,表面上在重压之下敢怒不敢言,实际在等待时机与武氏展开最后的决战。围绕皇权的厮杀在紧锣密鼓中准备。四年后,李唐宗室与武氏集团间的殊死战斗终于爆发,而导火索即是武则天给自己加尊号"圣母神皇"。

这场斗争的全过程是:文明元年(684)武则天平定扬州叛乱后,第二年正月初一,武则天大赦天下,改元垂拱,以示可以垂衣拱手而治天下。不过她并没有收手,垂拱二年,武则天命置铜匦,不仅开辟一条直接了解下情的信息通道,更是大开告密的方便之门,造成朝廷官员人人自危。接着,一个由武氏子弟们精心策划的政变出笼了。

垂拱四年(688)四月,武则天的侄子武承嗣使人在一块白石上凿文"圣母临人,永昌帝业",然后派雍州人康同泰奉表上献,诡称得自出河图的洛水,是一天大的祥兆。这就是"圣母神皇"的尊号和翌年改元

洛水

"永昌"名号的由来。

　　武则天得到此石后十分高兴，命名为"宝图"，并提升献石人康同泰为游击将军。五月下诏，要亲自拜洛水受宝图，并举行告天仪式，礼毕在明堂接受群臣朝贺，命诸州都督、刺史及李唐宗室外戚于十二月拜洛水的前十天全部集中于神都洛阳。这一计划中的明堂已于当年的二月就开始了建造，设计在顶部九龙所捧圆盖之上更立饰金铁凤。足见早在晚清慈禧太后之前的 1200 年前，武则天便有了凤压龙的思想。

　　武则天在正式称帝前，先冠一个"圣母神皇"的尊号为试探。在权力运作上，我们又一次领教了武则天这位女政治家的心计和胆识。

　　武则天这一"试"果然试出了事端，又一场兵戎相见的斗争拉开了大幕，起兵者正是对武则天久已不满的李唐宗室。

　　通过杀章怀太子、废中宗皇帝等一系列事件，李唐宗室王公们早已看出武则天的居心何在。这次武则天一手导演的这场"圣母神皇"闹剧，更使他们确信，武则天要改朝换代的日子已为期不远。他们推测十二月的明堂朝会，就是她要动手的日子，因此一个个惶惶不安。

唐代彩绘女子马球俑

　　唐代女性的地位得到了极大的提高，女子可以穿胡服、骑马射箭，甚至连异常激烈的马球运动都有妇女参与。这种开放风气的形成，无疑与武则天以女性称帝对社会带来的巨大冲击有关系。

唐节愍太子（李重俊）墓出土壁画

　　李重俊，唐中宗第三子，非韦后所生。中宗复位后被立为太子。此时虽然武则天已死，但其侄武三思依然大权在握，与韦后、安乐公主相互勾结。李重俊深感太子之位岌岌可危，于景龙元年（707）七月发动政变，杀武三思，并带兵攻入皇宫，后由于部队反戈，最终失败被杀。这是武则天死后八年内七次政变之一。

韩王李元嘉私下传话："大享之际，神皇必遣人告诸王密，因大行诛戮，皇家子弟无遗种矣。"东莞公李融问成均助教高子贡："可以入朝否？"子贡回答："来必取死。"于是李融便称病不朝。宗室王公为拯救自己，免遭屠戮，秘密行动，寻找对策。

首谋起兵的是韩王李元嘉，他是唐高祖李渊的第十一子。其母宇文昭仪是隋朝大将宇文述之女，出自代北过来的关陇集团重要家族，很得唐高祖宠幸。李渊的原配夫人窦氏死于开国前的大业九年（613），太穆皇后是后来追尊的谥号。李渊做皇帝后皇后之位一直空缺，曾欲立宇文昭仪为皇后，没有办成，李元嘉这位"特为高祖所爱"的王子失去了成为储君的机会。到唐睿宗为帝时，按辈分他作为皇太叔有极尊崇的地位。武则天临朝摄政后，为顺物情，拜他为太尉，官居人臣极品，却放在阃外当绛州刺史，在朝中并无实权。四年前扬州起兵时，武承嗣等曾建议武则天找借口杀掉李元嘉及其同母弟鲁王李灵夔，此事在朝中议论，因裴炎反对而未动手。李元嘉早已厌倦了这种有职无权，朝不保夕的受气日子，这次打出反武旗号率先发难了。

洛阳明堂遗址

　　垂拱四年(688)，韩王李元嘉与其子通州刺史黄公李譔谋划"举兵唱天下，迎还中宗"。李譔致书豫州刺史越王李贞，用暗语说："内人病渐重，恐须早疗，若至今冬，恐成痼疾，宜早下手，仍速相报。"李譔又伪造了皇帝玺书给李贞之子博州刺史琅琊王李冲，谎称："朕被幽絷，王等宜各救拔我也。"李冲在博州也伪造皇帝玺书，称："神皇欲倾李家之社稷，移国祚于武氏。"他命博州长史萧德琮等召募士卒，并分报韩、鲁、霍、越、纪等五王，"各令起兵应接，以赴神都"。神都即洛阳。

　　秘密谋划起兵的唐宗室王公当时都被放在外州任刺史，分布在洛阳四周：

　　在洛阳西北方面有绛州(今山西新绛)刺史韩王李元嘉；

　　在洛阳东北方面有青州(今山东益都)刺史唐高祖第十四子霍王李元轨，邢州(今河北邢台)刺史唐高祖第十九子鲁王李灵夔；

　　在洛阳东南方面有豫州(今河南汝南)刺史唐太宗第八子越王李贞，申州(今河南信阳)刺史唐高祖第十五子虢王李凤之子东莞公李融；

　　在洛阳西南方面有通州(今四川达县)刺史黄公李譔，金州(今陕西安康)刺史李元轨之子江都王李绪。

　　参与事变的还有唐高祖李渊之女常乐公主及其丈夫寿州(今安徽寿县)刺史赵瑰、赵王李贞的女婿汝南县丞裴守德。甚至还有唐高宗和武则天的女婿即太平公主丈夫驸马都尉薛绍及其两个哥哥：济州(今山东东阿西北)刺史薛顗和薛绪。

　　正因为诸王所在地域是夹击洛阳之势，所以韩王李元嘉乐观地认为"四面同来，事无不济"。

　　越王李贞起兵前派人联络寿州刺史赵瑰，赵瑰之妻常乐公主对来人说的话慷慨激昂：

　　　　为我报越王，与其进不与其退，尔诸王若是男儿，不应至许时尚未举动。我常见耆老云，隋文帝将篡夺周室，尉迟迥是周家外甥,犹能起兵相州,连结突厥,天下闻风,莫不响应。况尔诸王,并国家懿亲,宗社是托,岂不学尉迟迥感恩效节,舍生取义耶?夫为臣子,若救国家则为忠,不救则为逆。诸王必须以匡救为急,不可虚生浪死,取笑于后代。(《旧唐书·越王贞传》)

常乐公主是唐高祖李渊的女儿,越王李贞的姑姑,当时在李唐宗室中也是位可称姑婆辈的长者了,她这番话是很能代表一些宗室王公的心意,他们视起兵反武为救国之举,是"感恩效节,舍生取义"的正义行为。不过并非所有的唐宗室王公都抱有这样的想法和决心。他们的失算和导致最终的失败,也是因为诸王内部行动不能统一。

就在越王李贞加紧活动之时,他的叔伯兄弟、鲁王李灵夔之子范阳王李蔼却"知越王必败,白发其谋",将起兵的策划情况都报告了武则天。

事情泄露以后,琅琊王李冲于八月十七日匆匆发兵,其父越王李贞闻讯后于当月二十五日举兵相应。由于事出仓促,诸王准备不足,未敢全动,只剩洛阳东北、东南两方各五七千人起兵。武则天派出清平道大总管丘神勣和中军大总管麹崇裕等率领的两路兵马围剿,没费什么力气就把这次兵变镇压了。

战斗的经过见载于《旧唐书·越王贞传附琅琊王冲传》:李冲在博州起兵后,准备南渡黄河赴济州,与其叔伯妹夫薛顗连兵东进,薛顗得知李冲起兵后也开始作兵器,募人准备接应。博州属县武水县不从,李冲决定率

唐代箭镞

募来的 5000 兵先击武水解除后顾之忧。武水令郭务悌向魏州（今河北大名北）求救，魏州莘县令马玄素将兵 1700 人救援，进入武水闭门死守。李冲令放火烧南门，不料火点燃后风向大变，由南转北，李冲军受阻于火而城门安然无事，于是士气沮丧。其属下堂邑县丞董玄寂对人说："琅琊王与国家交战，此乃反也。"被李冲斩首示徽，但人心涣散已是不可收拾。"兵众惧而散入草泽，不可禁止，惟有家僮左右不过数十而已"。李冲想退回博州，但未能进城便被守门者所杀，这次起兵仅短短的 7 日便告失败。

武则天派来镇压李冲的，是四年前被派往巴州追杀章怀太子李贤的丘神勣，官拜清平道行军大总管。他带兵到博州时事已平息，博州官吏素服出迎请罪，丘神勣下令把他们全部处死，家破人亡达千余家。李冲已死，传首东都，枭于阙下。

唐代持弓披铠步兵

越王李贞接到其子李冲在博州起兵的消息后即举兵豫州，他并不知道此时李冲已败亡三天了。当他北上攻破上蔡时，才听到李冲失败的消息，他恐惧动摇，产生了投降谢罪的念头。这时他所任命的属县新蔡令傅延庆又募得勇士 2000 余人，便又改变想法，继续对抗下去。他欺骗部下说："琅琊王已破魏、相数州，聚兵至二十万，朝夕即到。"以此蒙蔽部下，鼓舞士气。

九月初一，武则天命令左豹韬卫大将军麴崇裕为中军大总管，内史岑长倩为后军大总管，率 10 万军讨伐豫州，又命宰相张光辅为诸军节度。

越王李贞征属县兵 5000 和傅延庆招募来的 2000 共 7000 人马,分成五营,署九品以上官 500 余人,还"令道士及僧转读诸经,以祈事集,家僮、战士咸带符以辟兵",千方百计激励将士。可是"所署官皆迫胁见从,本无斗志",只有汝阳县丞裴守德死心踏地跟着他。李贞临起兵时便把女儿嫁给他,起兵后又用他为大将军,"委以爪牙心腹之任"。麹崇裕等率官军进至豫州城东 40 里,越王小儿子李规及裴守德战败,越王大惧,闭门自守,官军进逼州城,"乘城归顺者万计,绳坠四面成蹊"。越王李贞见大势已去,不甘受戮辱,饮药而死,李规缢杀其母后亦自

陕西礼泉唐昭陵李贞墓出土彩绘文官俑

杀,裴守德及新娶的媳妇也双双自缢,部下家僮一时如鸟兽散,纷纷舍杖就擒。麹崇裕斩越王父子及裴守德等首级传送东都,也枭于阙下。李贞豫州起兵仅 20 日便告失败了。

平定越王李贞后,宰相张光辅麾下将士恃功自傲,"多所求取",新任豫州刺史狄仁杰不答应。张光辅怒责:"州将轻元帅邪?"狄仁杰说:乱河南的是一个越王贞,现在是一贞死而百贞生。并斥责张光辅不约束军队,纵其横暴,杀降邀功,使无罪之人,肝脑涂地,怨声腾沸。他对张光辅说:"如得上方斩马剑加君颈,虽死不恨。"为此事得罪了张光辅。不久在追究处罚越王党羽时,当地有六七百人被判有从逆罪,罪当诛死,五千人籍没,由自由民身份改为奴婢。狄仁杰又不避为逆人

申理的嫌疑,密奏武则天:"此辈咸非本心,伏望哀其诖误。"武则天准其奏,下令特赦免死,改为流放丰州(今内蒙古临河东)。豫州的这批囚犯发配途中经宁州(今甘肃宁县)时,哭拜于颂扬狄仁杰政绩的颂德碑下,斋戒三日。到丰州后又立碑颂狄公之德。

越王李贞墓志盖(拓片)

博州、豫州谋反事件平定后,武则天用酷吏周兴审讯宗室诸王,收韩王李元嘉、鲁王李灵夔、黄公李譔、常乐公主于东都洛阳,这些人皆被胁迫自杀。被诛戮的还有申州刺史东莞公李融等。

十一月,薛顗、薛绪兄弟伏诛,薛绍因是太平公主的丈夫,武则天的女婿,杖一百,饿死狱中,得个全尸,算作特殊照顾。

十二月,霍王李元轨废徙黔州,坐槛车行至陈仓时死于道中。此前,江都王李绪和裴寂之孙殿中监郧公裴承先被戮于市。

所有参与此次兵变的宗室王公被诛杀殆尽,无一幸免。和四年前的那场扬州兵变一样,没有激起多大的波澜,便被迅速平息了。这足以说明武则天在国家政治格局中,已处于无人可以撼动的地位。

斩草除根

镇压李唐宗室兵变后,武则天并未中止对王室残余势力的杀戮,为了斩草除根,以免后患,武则天重用酷吏,编织各种罪名继续对李唐宗室王公大开杀戒。酷吏罗织罪名惩处李唐宗室的案件有:

永昌元年(689)四月的鄱阳公李谌案。李谌是唐高祖子道王李元庆的第六子,时为连州别驾,谋迎中宗于庐陵,案发,与唐太宗子蒋王李恽的长子辰州别驾汝南王李炜等宗室 12 人被诛杀。天官侍郎邓玄挺是李谭岳父,虽然此前李谭曾一再问他此事如何,他都不应,没有回应,仍以知反不告罪同诛。

同年七月纪王李慎案。李慎是唐太宗的第十子,诸王起兵时他是贝州(今河北南宫东南)刺史,越王李贞同他联络,他"知时未可,独拒不与会"(《新唐书·纪王李慎传》)。事败他也下狱,查明情况后,将就诛而免死,但和霍王李元轨一样乘槛车送往巴州时死于道中,子孙多人均被杀害。李慎有孝女东光县主,得父王死讯,悲声欲绝,呕血数升,服丧三年后又绝膏沐 20 年,就是 20 年不沐浴,不用化妆品,表示对父王的哀悼。

同年十月又杀唐高祖第十三子郑王李元懿的长子鄂州刺史嗣郑王李璥等 6 人,唐高祖第二十二子滕王李元婴的长子嗣滕王李脩琦等兄弟 6 人亦陷于诏狱,免死流放岭南。他们的具体罪名史籍无载,但实质上还是武则天要诛除李唐宗室。

载初元年(690)七月的舒王李元名案。唐高祖第十八子舒王李元名与其子豫章王李亶历任外州刺史,俱有善政。李元名曾告诫其子曰:"藩王所乏者,不虑无钱财官职,但勉行善事,忠孝持身。"后来去石州(今山西离石)20 年,"赏玩林泉,有尘外之意"(《旧唐书·舒王元名传》)。就是这样也未能逃过酷吏诬告之难,父子俩先后被杀。告密者侯思止原是醴泉一无赖,先以卖饼为业,后来是游击将军高元礼家的仆从,因告密,授游击将军。他请求封他为御史,武则天说他:"卿不识字,岂堪御史!"侯思止回答:"獬豸可尝识字,但能触邪耳。"武则天很高兴,授以侍御史之职,后来又赐他一所没收来的私宅,他不要,说:"臣恶反逆之人,不愿居其宅。"武则天因而更加赏识(《资治通鉴》卷204)。

同年七月的泽王李上金、许王李素节案。他俩是唐高宗第三、第四子,都是武则天憎恶之人。许王李素节因母亲是萧淑妃,尤被谗嫉,出为外州刺史,不许觐见。载初元年(690),武承嗣指使周兴诬告泽王、许王谋反,召往东都。许王离开舒州时闻哭丧声,叹曰:"病死何由可得,更何须哭。"(《唐会要》卷5《杂录》)。又《旧唐书·许王素节传》预感到将遭不测,竟然羡慕得病死者。果然行至洛阳龙门便被杀,其子李瑛等9人同时被害。泽王系于御史台,闻讯恐惧,自缢身亡,其子李义珍等7人并配流显州(今辽宁北镇西南)而死。惟庶子李义珣窜至岭外,藏匿于佣保之间才得以免死。许王亦有少子李琳等3人以年小免死,长流雷州(今属广东),才得不绝后嗣。

这一年还有裴居道和南安王李颖案。裴居道是太子李弘的岳父,时为宰相,为酷吏陷害,春天下狱,八月被杀。接着武则天又听信酷吏,杀尚书左丞张行廉和唐高祖第二十一子密王李元晓长子南安王李颖等宗室12人,并诛其亲党数百家。

阴风呼呼,血雨阵阵,经过短短的几年时间的杀戮,到天授元年(690)武则天改唐为周称帝前夕,李唐宗室王公,尤其是唐高祖、唐太宗、唐高宗三代皇帝的皇子们,除了武则天自己生的李显、李旦外,在世的全部被杀。诚如《资治通鉴》所记"唐之宗室于是殆尽矣"。残留的两个,李显被流放在外地,李旦作为名义上的皇帝虽留在洛阳宫中,却被软禁于"别殿",不许参政。他们都已无力构成对武则天的威胁了。这样,在天授元年(690)武则天登基做皇帝时,原来庞大的李唐宗室已经全然无力阻挡了。

不过,纵观武则天与李唐宗室的关系,我们也不能忽视她对李唐宗室后裔偶有宽容的事实。如唐高祖女千金长公主,以姑姑之尊却请求做武则天之女,改姓武氏,讨得武则天欢心,以巧媚得全。又如唐太宗第三子吴王恪之子李仁,出使江左,不受金赂。武则天夸奖:"儿,吾家千里驹。"因此改名千里。后来他又数进符瑞异物,得免诛杀,直活到中宗复位后,封成王,死于节愍太子诛武三思之事变。成王李千里的弟弟李琨,则天朝历淄、卫、宋、郑、梁、幽六州刺史,有能名,圣历年间(698—699)奉敕安抚岭南反獠,"甚得其宜"(《新唐书·郁林王恪传附李仁李琨传》)，一直受到信用，长安二年(702)卒于宫中。可见武则天对李唐宗室虽然下手极狠，主要对手一个不肯放过，大有斩草除根之势，但对宗枝稍远，身份官位较低的李唐宗室后裔，还是网开一面，区别对待的，遵循着政治家处事一切留有余地的准则。

铁鞭驯马——武则天与她的宰相们

在武则天第一次入宫做唐太宗"才人"期间，曾发生过一个武媚娘"铁鞭驯马"的故事，也许正是通过这件事，唐太宗洞察出武则天在美艳的外表下所藏的冷酷险恶之心，因此逐渐冷淡了武则天。正如俗话所说："江山易改，本性难移。"武则天的这种"铁鞭驯马"式的铁腕处世态度，的确延续了她的一生，成为她在几十年间围绕皇权的斗争中最为有效的手段。这集中体现在她对历任宰相的态度上。

作为一个卓越的政治家，武则天深知宰相们在朝中的地位和作用。在皇帝时代的政权结构中，总是存在着帝权和相权这样两者既相互依存，又相互争斗的矛盾。武则天二次入宫后，首先遇到的敌手，便是当时的宰相班子——褚遂良、柳奭、韩瑗、于志宁等。他们在王皇后和太尉长孙无忌的支持下，结成一体，利用"立储""立后"事件排挤和打击武则天，武则天使尽浑身解数，冒着很大的危险，才最终战胜了这些与她作对的宰相，一举摧毁了根深蒂固的王皇后—长孙无忌集团，从而使自己荣升皇后。

所以在她临朝称制，取得实际的统治权后，不停地调整宰相班子。在她眼里，宰相们就如同驾着朝廷这驾马车的马，必须要服服帖帖地按照她的意志行驶，一旦她发现他们出轨，便会鞭而惩之，"不服，则击以铁挝，又不服，则以匕首断其喉耳"，直至把他们置于死地，决不含糊。有时甚至只凭诬告，就对他们下手。

自从文明元年（684）二月，武则天废中宗李显，改立睿宗李旦，但不许他参与政事，开始了武则天的临朝称制算起，到天授元年（690）九月九日,武则天建立大周朝,正式登基称帝,在这短短的六年零七个月的时间里,进入宰相班子的总共24人,被杀掉和贬流罢相的就有17人,寿终的3人,只有4个宰相做到武则天称帝以后,而这4人中,武承嗣、武攸宁是武则天的本家侄子,另外两个邢文伟和岑长倩也都好景不长,只是又过了一年也先后被武则天杀掉。

让我们试举几例,看看武则天"铁鞭驯马"式的驭臣术。

裴炎之死

裴炎之死是武则天时期一件震惊朝野的冤案,是武则天实行"铁鞭驯马"驭臣术的典型案例。

裴炎,山西绛州闻喜人,出身于有名的望族闻喜裴氏。凭着他对唐王朝的忠诚和自身的正直多才,他受到朝廷的重用,被委以首相。受唐高宗临终遗诏辅政后,因与唐中宗在用人上发生严重冲突,才和武则天一起策划了废中宗的行动。他堪称李唐皇室的忠臣,却不是武则天的亲信。

武则天对他是早有戒心的。在此之前,有好几件武则天想要办的事都遭到裴炎的反对。光宅元年(684)九月,武则天听了侄子武承嗣的主意,要追尊自己的祖先,立武氏七庙。对此裴炎坚决反对,因为这另立宗庙是僭越礼制,不利李唐社稷的。裴炎的话说得很硬:"独不见吕氏之祸乎!"武则天解释自己和吕后不一样,是追尊死人,存殁殊迹,不会危及社稷,并没有什么害处。裴炎还是坚持:"事当防微杜渐,不可长耳!"武则天不悦而罢,暂缓建武氏庙,但仍追尊自己五代祖宗,在山西文水老家建立了祠堂。

徐敬业扬州起兵之后,武承嗣和武三思俩屡次劝说武则天找个借口杀掉韩王元嘉和鲁王灵夔。唐高祖的儿子这时还活着的仅存4个,以这两个为年长,另两个是霍王元轨和舒王元名。武则天向大臣们提出此事,显然她是想动手的。宰相中,刘祎之、韦思谦不敢说话,又是

山西文水武则天庙

裴炎一个人"独固争"，认为不可。

这一件件事情的发生使武则天对裴炎愈来愈不满，但鉴于裴炎的首相和托孤大臣的地位及在朝中的影响，一时又奈何不得。裴炎的存在已成了武则天的心腹之患。

徐敬业起兵后，朝廷知道了裴炎外甥也参与了此事，可是裴炎却神态镇静，并不积极采取行动平叛。武则天临朝议事，他却说："天子年长矣，不豫政，故竖子有辞。今若复子明辟，贼不讨而解。"祸由此而生。监察御史崔詧上言："炎受顾托，身总大权，闻乱不讨，乃请太后归政，此必有异图。"于是捕裴炎下狱，命左肃政大夫（御史大夫）骞味道、侍御史鱼承晔审理此案。裴炎性格刚烈，在狱中辞理不屈，有人劝他委曲求全，他不愿折节苟免，说："宰相下狱，安有全理！"准备以死报国尽忠。凤阁舍人李景谌附和崔詧证炎必反。但纳言刘景先和凤阁侍郎胡元范、左卫率蒋俨为裴炎辩护，胡元范说："炎社稷忠臣，有功于国，悉心事上，天下所知，臣明其不反。"武则天对他们说："炎反有端，顾卿未知耳。"元范、景先等说："若炎反，臣辈亦反矣。"武则天仍讲："朕知炎反，卿辈不反。"但没过多久，就捕刘景先、胡元范下狱，改任骞味道、李景谌为宰相，真是顺之者昌，逆之者亡！

　　然而，"文武之间证炎不反者甚众"，就连在外防御突厥的单于道安抚大使、左武卫大将军程务挺也秘密呈报为裴炎申辩争理，但武则天一概不纳。十月丙申，即扬州起兵后20天，裴炎被斩首于洛阳都亭驿。临刑前他与受株连的亲属诀别道："兄弟官皆自致，炎无分毫之力，今坐炎流窜，不亦悲乎！"伤感之情溢于言表。在抄裴炎家时，人们发现堂堂一个宰相，家中竟"无甔石之储"。回顾裴炎的言行，足见他是一位忠职守、重名节、严律己的好官。

　　裴炎一案，又使不少人受到株连，凡是为他申辩过的都受到惩处。宰相刘景先贬普州刺史，未到任，中途又被贬吉州长史，后来被酷吏陷害入狱，自缢而死。凤阁侍郎胡元范流放琼州而死。郭待举罢相后又贬岳州刺史。左武卫大将军程务挺因平素与参加扬州起兵的唐之奇、杜求仁友善，被定罪为"与裴炎、徐敬业皆潜相应接"，武则天派左鹰扬将军裴绍业到军中将他处斩。此时的程务挺正在御突厥的前线作战，"务挺善于绥御，威信大行，偏裨已下，无不尽力，突厥甚惮之，相率遁走，不敢近边。……突厥闻务挺死，所在宴乐相庆"。程务挺这位屡建战功的一代名将，未死于两军阵前，却被自家残害。夏州都督王方翼因与程务挺亲善，又是已废王皇后的近属，也被株连下狱，后被流放到崖州而死。受株连的还有年仅17岁的裴炎的侄子太仆寺丞裴伷先，被流放岭南。临行前，他上书求武则天召见。武则天问他：你伯父谋反，法当诛，你还有什么可说的。裴伷先说我怎么敢伸冤呢？我只是为陛下谋划大计。陛下乃唐家妇，身荷先帝顾命，今虽临朝，应当信用大臣，等东宫太子年就德成后还政。为何封诸武为王，排斥忠良？裴炎为唐忠臣，连子孙都被杀戮，海内愤怒。我冒昧地建议陛下应当归还权力于东宫太子，罢掉武家权力，不然的话，天下豪杰乘时而动，不可不惧呀！应当说，这位年轻人所说不是没有道理的，但一心想独揽朝政的武则天岂能容他。武则天大怒，什么小子，敢这样说话，拖出去！裴伷先被逐出殿时还回过头来喊：听我的话还不晚！气得武则天当场打他一百杖，尔后让他卧在驴车中，长期流放到位于今广西的瀼州。后来,唐玄宗时他又东山再起,与裴炎一样也是位忠贞不阿、性格刚烈的大唐忠臣。

上述关于裴炎之死一案的记叙是清晰而可辨的,但正如史书上关于武则天的许多事一样,总会有不同的记载和看法,这件事也是如此。史家们对扬州叛乱和裴炎之死这两个历史事件之间有无直接联系,争执不一。

从某些材料看,裴炎和徐敬业似乎是里应外合反武则天的。《新唐书·裴炎传》记:"豫王虽为帝,未尝省天下事。炎谋乘太后出游龙门,以兵执之,还政天子。会久雨,太后不出而止。"这是说裴炎有发动兵变推翻武则天还政天子的企图。《朝野佥载》更记徐敬业准备起兵时,令骆宾王画计,取裴炎同起事,骆宾王编歌谣:"一片火,两片火,绯衣小儿当殿坐。"教裴炎庄园小儿和都下童子诵唱。"一片火,两片火"指炎,"绯衣"指裴,藉以此说裴炎与徐敬业合谋,"扬州起兵,炎从内应"。还载裴炎有回书给徐敬业,只写"青鹅"二字,武则天解此暗语说:"此青字者十二月,鹅字者我自与也。"另外,监察御史薛仲璋是裴炎的外甥,起兵前他"求奉使江都",一到那里就把扬州长史陈敬之抓进监狱,使扬州官衙处于瘫痪,不几天又迎接了自称是扬州司马的徐敬业,徐到扬州后便起兵了。这过程中薛仲璋对扬州起兵是起了很大作用的。薛仲璋当日此行被怀疑极可能是舅舅裴炎让他去的,且起兵后,在朝廷议事时,裴炎表现得消极,也似乎说明裴炎与徐敬业起兵有牵连。

郭沫若先生就是根据这些材料,在新编历史剧《武则天》中把裴炎塑造成一个谋权篡位的野心家。作为一部文学作品,郭老尽可以根据自己的观点设计故事塑造人物,但硬是把一个唐王室的大忠臣,贬成一个大野心家,也是有失公允,违背历史真实的。

事实上裴炎并没有参与扬州叛乱事件,武则天杀他也并不是因为他和徐敬业合谋,或者是有合谋的嫌疑。

从史籍记载看,《旧唐书》的纪、传都不记《新唐书》和《朝野佥载》

今新疆吉木萨尔北庭都护府遗址

　　武周长安二年（702），武则天下令在庭州设立北庭都护府，与安西都护府分掌天山南北广大地区，成为唐政府在西域设立的最高行政和军事机构之一。

安西都护府地方官印

里所说的裴炎谋兵变和与徐敬业合谋的事。《通鉴考异》认为新传和《朝野佥载》的记述"皆当时构陷炎者所言耳，非其实也"。驳斥是很有道理的。

裴炎是否与徐敬业事件有关系，一个关键的情节是外甥薛仲璋去扬州是不是他指派？史料记载不是。《资治通鉴》里说明薛仲璋"求奉使江都"是按魏思温的主意行事的。再说，按逻辑推断，假如是裴炎派自己的外甥去策划起兵造反，而自己却仍稳稳地呆在宫中，岂不是束手就擒，有违常理？裴炎在朝廷议论扬州起兵一事时，所表现出的镇定态度，也说明他心中有底，自身与起兵事件毫不相干。他"请太后归政"，让武则天下台，其目的是还政睿宗，甚至也可以理解为一种"退兵"之策，说到底这都是为了李唐王室的社稷。

裴炎下狱是监察御史崔詧告的，但他的告状也仅是一种推断："若无异图，何故请太后归政？"并没有讲出一件事实。另外，当裴炎被诬下狱后，朝中有那么多的重臣，甚至是远戍边疆的将领，都站出来为裴炎辩护，"抗词明其不反"，假如裴炎真和徐敬业合谋，或者有合谋嫌疑的话，在当时分明是"造反"，人们是决不会也不敢出来为裴炎说情的，裴炎的那位侄子也不会那样理直气壮地在武则天面前为"造反"的伯父据理力争，大闹金殿的！

总之，裴炎与徐敬业合谋一事，纯属子虚乌有。裴炎之死，是武则天实行"铁鞭驯马"驭臣术的典型案例，她只许她的宰相们按她的旨意行事，而决不容许他们背道而驰，只要不服驾驭，则必"鞭"之，直至开杀戒。至此，其推行"酷吏政治"的弊政已显冰山一角！

裴炎死后，武则天借助此案，又一次对宰相班子进行了大刀阔斧的改组。裴炎和为他说情的刘景先、郭待举均去相位，补负责审此案的骞味道和"证炎必反"的李景谌为宰相。首告裴炎谋反的著作郎崔詧也因功受赏，径直进了宰相班子。可见在这次的调整中，武则天完全是以裴炎事件中的表现取决进退的。这就更进一步证实了武则天杀裴炎的目的：她要下决心扳倒一切横在她登顶称帝路上的绊脚石，为此，她不择手段，一意孤行。

《唐统纪》有以下一段记裴炎案件后武则天在盛怒下训诫群臣的对话：

> 既而太后震怒，召群臣谓曰："朕于天下无负，群臣皆知之乎？"群臣曰："唯。"太后曰："朕事先帝二十余年，忧天下至矣！公卿富贵，皆朕与之；天下安乐，朕长养之。及先帝弃群臣，以天下托顾于朕，不爱身而爱百姓。今为戎首，皆出于将相，群臣何负朕之深也！且卿辈有受遗老臣，倔强难制过裴炎者乎？有将门贵种，能纠合亡命过徐敬业者乎？有握兵宿将，攻占必胜过程务挺者乎？此三人者，人望也，不利于朕，朕能戮之。卿等有能过此三者，当即为之；不然，须革心事朕，无为天下笑。"（转引自《资治通鉴》卷203《考异》）

这真是一篇武则天"铁鞭驯马"的绝妙自我表白，有威胁、有恐吓、有利诱，其核心就是让天下大臣"革心事朕"，否则"不利于朕，朕能戮之"！裴炎死后，武则天曾大赦天下，惟裴炎和徐敬业一样被排除在外。直到唐睿宗时才给裴炎昭雪，专门下制称赞他："文明之际，王室多虞，保乂朕躬，实著诚节。"（《旧唐书·裴炎传》）正式为他恢复了名誉。

形同虚设的宰相班子

在武则天"铁鞭驯马"下受害的宰相不只是像裴炎一类的李唐忠臣，而且有她一手扶植的心腹之臣。刘祎之之死就是另一类典型。

刘祎之，常州晋陵人，少以文藻知名，为左史时召入宫中修撰，官至宰相。若论与武则天的关系，刘祎之与裴炎是完全不同的两类人。裴炎是李唐王室的旧臣，而刘祎之则是武则天一手提拔起来的亲信。

他是武则天培植的"北门学士"之一。

武则天在乾封年间（666—668）开设北门学士的目的就是培植亲信，为她宫廷斗争之用。武则天二次入宫后，为了与王皇后—长孙无忌集团抗衡，曾物色笼络了一批亲信，如李义府、许敬宗、崔义玄、袁公瑜、王德俭、侯善业等，这些人在武则天成为一代女皇后，于如意元年（692）被追赠为"永徽中有翊赞之功"之人。这批亲信，随着时间的推移，因种种原因到乾封初年（666）已被淘汰殆尽。

为了培植新的亲信骨干，她物色了一批文人学士，以在宫中开馆著述为名，准许他们从北门即玄武门出入禁中。这批北门学士，倚仗武则天的权位和纵容，直接干预国事。他们中比较有名的有刘懿之、刘祎之、元万顷、范履冰、苗楚客、周思茂等，诚如《旧唐书》中所言"朝廷疑义及百司表疏，皆密令万顷等参决，以分宰相之权"。在此后的20余年中，武则天不仅在皇后位上坐得稳稳的，高宗死后又临朝称制，并逐步造成改唐为周的局面，这批北门学士，作为智囊班子是起了一定作用的，为此他们多数被擢升为三、四品高官。如周思茂、范履冰"最蒙亲遇，至于政治损益，多参予焉"。特别是刘祎之，嗣圣元年（684）武则天临朝时，在废中宗立睿宗的事变中表现得十分得力，擢升为宰相，"时军国多事，所有诏敕，独出祎之，构思敏速，皆可立待"。他又能"推善于君，引过在己"，所以武则天"甚见亲委"，一直把刘祎之视为自己的心腹之臣。

那末，刘祎之后来又为什么会被武则天处死呢？原来刘祎之虽受到武则天的信任和重用，但他心存唐室，私下对凤阁舍人贾大隐说："太后既能废昏立明，何用临朝称制？不如返政，以安天下之心。"其时，朝中告密成风，贾大隐上奏告密，把刘祎之的背后议论报告了武则天。武则天听后非常生气，说："祎之我所引用，乃有背我之心。"（《旧唐书·刘祎之传》）从而对刘祎之有了防戒之心。垂拱三年（687）刘祎之因其他事被告下狱，还顶撞向他宣敕的官员："不经凤阁鸾台，何名为敕？"唐代皇帝的诏书制敕要经过宰相副署的程序方能下达，刘祎之时为宰相,所以那样讲。武则天大怒,她早想对刘祎之"铁鞭驯马"了,便以拒捍制使就是冒犯天威为由,赐死于家中。刘祎之也算一条汉子,临终前洗沐,他神色自若,草书谢表,"提笔立成,词理恳至,见者无不伤痛"(《旧唐书·刘祎之传》)。其中麟台郎郭翰和太子文学周思钧因在一起称叹刘文,被贬官远放外州。

因涉案被处死或流放的宰相还有:

垂拱四年(688)十二月被处死的骞味道,他是因办裴炎案有功而擢升相位的。骞味道与殿中侍御史周矩不和,屡言周不能了事。逢巧,骞味道被人罗织罪名密告于武则天,武则天敕周矩按问审理。周矩乘机公报私仇,他恶狠狠地对骞味道说:"公常责矩不了事,今日为公了之。"于是,骞味道与儿子骞辞玉同时被杀。

永昌元年(689)闰九月的魏玄同案。时任宰相的魏玄同与裴炎为莫逆之交,生死不渝,人谓之"耐久朋"。酷吏周兴与魏玄同有私怨,便诬告魏玄同曾说过"太后老矣,须复皇嗣"。武则天一听又是让她让位,十分恼怒,立即下令赐死于家。去魏家监刑的官员劝魏玄同:"何不告事,冀得召见,当自陈诉。"玄同叹息道:"人杀鬼杀,有何殊也,岂能为告人事乎!"宁死不肯玷污人格,作诬引他人解脱自己的勾当,于是从容就刑而亡。与魏玄同同时被秘密处死的还有曾陷害裴炎于死罪的前宰相崔詧。

载初元年(690)一月的韦方质案。韦方质时为宰相,因病告假,武承嗣、武三思前往探视。韦方质卧床不为礼,左右劝之:"踞见权贵,恐招危祸。"韦方质答道:"吉凶命也,大丈夫岂能折节曲事近戚以求苟免。"于是得罪了武承嗣、武三思,被酷吏周兴、来子珣罗织罪名陷害,流放儋州,籍没其家,不过总算保住了一条性命。

同年四月,另一名也是出自北门学士的范履冰,在禁中20余年最蒙武则天亲遇,此时也因莫须有的罪名,被下狱整死。

类似情况,直到武则天在天授元年(690)改唐为周,正式称帝后,仍在延续。这从发生在天授二年(691)十月的岑长倩一案中看得非常清楚。

岑长倩是唐太宗朝的宰相岑文本的侄子。武周革命时他屡陈符瑞，又上疏请改皇嗣姓武，为此得到武则天的重用。他从唐高宗永淳元年（682）四月入相，在位整10年，是则天朝任宰相职时间最长、最有资格的元老了，这时也因忤诸武意而被下狱。整个事件过程是：当时凤阁舍人张嘉福使洛阳人王庆之等数百人上表，请立武承嗣为皇太子。岑长倩认为有皇嗣还在东宫（指皇嗣李旦），不可更立。另一位资历较浅的宰相格辅元也表示反对，两人坚持不肯在奏表上署名。岑长倩还奏请武则天切责上书者，出告示令上表者解散，从而得罪了正跃跃欲试谋夺储君位置的武承嗣一伙。岑长倩和格辅元被武承嗣罗织罪名告密下狱。当时一代名儒欧阳询之子宰相欧阳通也固争不可改立武承嗣为皇太子，于是酷吏来俊臣又胁迫岑长倩之子岑灵原诬告欧阳通等数十人同反，将欧阳通等人逮捕入狱。来俊臣刑讯拷问，五毒备至，欧阳通终无异词。来俊臣又编造假供词上奏武则天，武则天信以为真，于是，岑长倩、格辅元、欧阳通三位宰相一同被诛杀。

上面列举的这些案件，除岑长倩一案外，都发生在武则天临朝称制时期。这一时期是武则天最终要夺取皇权的一个准备时期，对她能否登上皇位至关重要。在实现这一巨变的关键时期，身居相位的宰相的态度和作用是显而易见的。为了控制相权，武则天使出了"铁鞭驯马"式的驭臣术，不断地给宰相们施压，她要让这些宰相们老老实实地、服服帖帖地按照她的意愿行事，决不许各行其是，另搞一套，如有二心，要她还政李家，便视同谋逆，坚决除掉。即使错杀，也决不放任。事实证明，她的这种"铁鞭驯马"式的驭臣术，在那个特定时期是有效的。宰相班子在武则天屠刀的威慑下，人人自危，致使在武则天亮出旗号改唐为周时，朝廷中竟不能形成一个反武的轴心，使武则天的"革命"在不动一刀一枪一兵一卒的稳定局面下取得了成功。

透过一个个宰相被害的过程，我们还可以看到他们多数都是被诬告,含冤而死的。这说明,在这个时期武则天推行的以刑法治天下的酷吏政治已蔓延成风,弥漫朝野。

酷吏政治和"铁鞭驯马"双管齐下,造成了宰相班子的剧烈变动和大批宰相的连续被诛杀,致使矛盾加剧,人心不稳,这也为武则天在登上皇位15年后,最终在一夜之间便被颠覆埋下了祸根。从长远来看,酷吏政治是一把双面刃。武则天为了彻底驯服历任宰相,费尽了心机,不惜大开杀戒。然而,她怎么也不会想到,她最终还是倒在了一个宰相之手。神龙元年(705)元月,以宰相张柬之为首发动了"五王政变",推翻了武则天,拥戴唐中宗复辟。历史证明了她的"铁鞭驯马"绝非万全之术!

第七章

英才为我所用——武则天与贤能

改革制度，志在求才

慧眼识珍，重用贤能

尽管武则天对她执政时的历任宰相采用了"铁鞭驯马"式的驭臣术,也制造了不少冤案,但综观其几十年的政治生涯,武则天用人的另一面,是她广开门路,重用贤能的选贤用能之道。

武则天一生爱才,即使对写《讨武曌檄》那样对她极尽攻击谩骂文章的骆宾王,竟因文字精彩而能暂抑心中怒火,感叹骆宾王未能为朝廷所用是"宰相之过"。此事不仅传为历史上的一段佳话,亦可视为武则天求贤若渴的明证。

从"二圣"执政到临朝称制,武则天始终重视选才用人制度的改革,不断拓宽选才渠道,即使在她不惜采取酷吏政治,滥刑镇压一切反对者时,她也没有放弃对英才贤士的物色和培植。

改革制度,志在求才

还是在"二圣"时期,武则天就在唐高宗的支持下,对官员选拔制度进行了种种改革,这突出地表现在制科的推行和泛阶制的出现。所谓制科,就是皇帝随时可以下诏开科选拔非常人才。此举推行于显庆三年(658)。制科一推行,好像打开了闸门一样,任凭寒门出身的士人蜂拥进入官场,致使唐政府出现入流人多,选官冗滥的问题。而武则天也正是利用推行制科之机,对官场进行了大规模的吐故纳新,逐渐建立起一支拥戴自己的官僚队伍,其中不乏有真才实学者。

新出现的泛阶制似乎更能说明问题。乾封元年(666),唐高宗在泰山行封禅礼,武则天乘机提出,如此庄严的祭天地告成功的大典,如排除妇女,"礼有未安",并主动提出自己要亲自"帅内外命妇奠献",争取了以皇后身份继皇帝之后升禅地坛主持亚献的特别荣誉。这次封禅,从驾文武仪仗提前两个月出发,队伍从洛阳直排到泰山,数百里不绝。"东自高丽,西至波斯、乌长诸国,朝会者,各帅其属扈从。穹庐毳幕,牛羊驼马,填咽道路"。真是威武壮观,盛况空前。封禅之礼完成后,文武官三品以上赐爵一等,四品以下加一阶。这也就是后来杜佑所说的:"乾封以前未有泛阶,应入三品,皆以恩旧特拜。入五品者,多因选叙,计阶至朝散大夫以上,奏取进止。……乾封以后始有泛阶入五品、三品。"不难想见,此制一开,人人得进阶加勋,整个官僚队伍,特别是因而跃入五品、三品高官显贵行列的官员们,会以怎样感恩戴德的心情来崇拜这位大唐开国以来第一次封禅大典中最出风头的武则天。她在击败上官仪以后,借着国内"比岁丰稔,米斗至五钱,麦、豆不列于市"的连年丰收的大好经济形势,立即策划筹办了这次泰山封禅活动,并在典礼上争得亚献,女性大放光彩,足以显示她在政治上的活跃和着意笼络人心的机敏。正是在这种皆大欢喜的气氛中,武则天被越来越多的内外官员接受了。她后来在高宗死后的短短的 6 年时间,便登顶称帝,不能不与这有关。

作为正常仕途之一的科举考试,在唐高宗、武则天共同执政的所谓"二圣"时期,也有重大改变。

先是考试科目重心的转移,进士科地位的提高。史载:"永徽以前,俊、秀二科犹与进士并列;咸亨之后,凡由文学一举于有司者,竞集于进士矣。"再是数量的增加,唐高祖迟至武德五年(622)天下大定始开科举,每年只取进士 4 到 7 名,连秀才不足 10 名。唐太宗贞观年间,一般每年取进士数名至十几名。唐高宗显庆四年(659),皇帝亲自策试举人 900。他和武则天统治的 55 年里,据徐松《登科记考》统计,举进士逾千,平均每年 20 多人,比贞观年间增加了一倍。从此直到唐末,进士科录取人数的平均数,大致都保持在这个水平。

再有就是考试内容也有了不同,史称:"太后颇涉文史,好雕虫之艺,永隆中始以文章选士。"此处的"永隆中始以文章取士",是指永隆二年(681)八月的《条流明经进士诏》,初次规定"进士试杂文两首",识文律者方能试策。当时进士科考试要过三道关,一是帖经,帖十得四为合格,这是上一年才增加的;二是试杂文两篇,还是文和诗赋各一;三是试时务策五道。但重在文词。这些考试内容的改变,对以后的科举制度影响深远。即如《通典·选举典三》所载:"及永淳之后,太后君临天下二十余年,当时公卿百辟无不以文章达,因循遐久,浸以成风。"唐代文坛的空前繁荣是这一政策的直接产物。后来成为朝廷重臣的,如姚崇、宋璟、张九龄等名相及陈子昂、刘知几等文坛巨擘,都是这个时期通过科举入仕的杰出代表。

武则天执政后更是把不拘一格选拔人才作为一件大事提到朝政议程上。她曾说,天子的责任,莫重于选才任贤;臣子的功劳,莫过于进献忠言。为此,她令京官九品以上、诸州长官都要举荐一名贤士。她还首创殿试先例,即由皇帝在殿上亲自录取官员。载初二年(690)二月十四日,她在东都洛城殿前举行了一次规模宏大的殿试,全国众多的贡生都前来应试,由武则天亲自进行面试,堪称考选人才的创举。此后,这种殿试选官的形式一直延续了1000多年,直到清末随着清王朝的崩溃才告结束。

此外,武则天还首创了"自举",鼓励官员大胆"举贤"。所谓"自举"就是容许自己申请做官。在朝堂设置的铜匦中,有一面叫"延恩"的,就是专门为此而开设的。鼓励官员大力举贤,是武则天执政后,始终不渝的一件事,并且不断扩大举贤者的范围。她掌权以后不久,便废除了过去三品以上官员才有资格荐官的旧制度。上元元年(674)下诏规定,京官五品以上和郎官御史、诸州刺史都可推荐一两人,并录其能力品德上报。永隆元年(680)又下诏说:县令、刺史、御史、员外郎、司仪郎、太子舍人、左右文武五品以上,清要、近侍及宿卫之官都可以举荐所知一人。到了弘道元年(683)又进一步扩大到京官六品以上清望官及诸州岳牧，各推让三人，并以名闻，随即升擢。长安四年（704），在她已进入 81 岁高龄而且又患病在身的时候，还下令要求宰相推荐堪为员外郎者。

由于武则天的提拔和重视，各级官员对举贤这件事也十分尽力，各地英才纷纷被举荐上来。新旧《唐书》中都记载了一段武则天求贤、狄仁杰荐贤的故事，十分感人：狄仁杰常以能举荐贤能之才为自己得意的事，经他推荐而入相的有桓彦范、敬晖、窦怀贞、姚崇、张柬之等人。官做到公卿以上的有数十人之多。武则天曾问狄仁杰："朕要一能干的人出任高官，有吗？"狄仁杰说："陛下打算让他担任什么职务？"武则天说："朕打算让他出任宰相。"狄仁杰对答："臣料想陛下如果是求有'文章资历'的，那今天的宰相李峤、苏味道就足可以担当文吏了。如果不是求文士之才，是不是想得到奇才使用，以完成治理天下的大事？"武则天说："这正是我心里想的。"狄仁杰说："荆州长史张柬之，这个人虽年纪大一些，却是真宰相之才呀！这样的人才多年难遇，如果陛下能使用他，必定能忠诚报效于国家。"武则天于是改任张柬之为洛州司马。过了几天，武则天又找狄仁杰求贤，狄仁杰说："臣前几天说的张柬之，陛下还没有使用呀。"武则天说："我已改变了他的官职。"狄仁杰回答："臣推荐张柬之任宰相，今才是洛州司马，这不是用他。"武则天听了狄仁杰的话，改任张柬之为秋官侍郎，最后由姚崇推荐，用为宰相。读此故事，真有些"萧何月下追韩信"的味道，也堪称君臣之间举贤任能的佳话。

与此同时，为了加强对南方落后地区的人才选拔，武则天又开"南选"，方便江淮以南主要是岭南黔中士子参加吏部选官考试。长安三年（703）又颁诏："举人悉授试官，高者至凤阁舍人、给事中，次员外郎、御史、补阙、拾遗、校书郎，试官之起，自此始。"（《新唐书·选举志下》）同年，又"令天下诸州宜教人武艺，每年准明经进士例申奏"（《旧唐书·礼仪志四》），首创武举，选拔军将。

通过这一系列大刀阔斧的改革，官场风气大变。由于可以经过各种考试和举荐求得官位,"当时英贤亦竞为之用"(《资治通鉴》卷205)。一时天下人才趋之若鹜。不过,对这些人,武则天并不是毫无原则地任用,而是经过"试官",根据年考实绩决定去留升黜,从而保证了真正有才能的人得到重用。正如陆贽所说:"则天太后践祚临朝,欲收人心,尤务拔擢,宏委任之意,开汲引之门,进而不疑,求访无倦,非但人得荐士,亦得自举其才,所荐必行,所举辄试,其于选士之道,岂不伤于容易哉!然而课责既严,进退皆速,不肖者旋黜,才能者骤升。是以当代谓知人之明,累朝赖多士之用。"(《陆宣公集》卷17《请许台省长官举荐属吏状》)李绛亦说:"天后朝命官猥多,当时有车载斗量之语。及开元中,至朝廷赫赫有名望事绩者,多是天后所进之人。"(《李相国论事集》卷6)可见历代史家对武则天选贤用能是给予了很高的评价的。

不可否认的是,武则天在用人上还存在另一面,即培植了一批又一批的亲信,作为自己施行"暴政"的鹰犬和打手,如永徽、显庆年间的许敬宗、李义府;乾封以后的北门学士;临朝称帝时的酷吏,武承嗣、武三思等诸王及"二张"等男宠。但这些人只是她在某一特定时期为驾驭全局,巩固统治地位而使用的工具而已,她始终不把全部权力交给这批人掌握,她要求各级官僚各司其职,各负其责,所以尽管有酷吏的猖獗,幸臣的弄权,但整个国家机器还能大体正常运转。正如有学者指出的:"武后的任用贤良,无论其动机是为国,抑为自私,其成效总是好的。"(李树桐《唐史别裁》,台湾商务印书馆1995年)

武则天不仅通过用人制度的一系列改革,不断拓宽选贤任能的渠道,实现天下英才为我所用,而且身体力行,选拔、重用、关心、爱护有用之才,甚至不计前嫌,重用自己仇人的后代。上官婉儿的复出和受到武则天重用便是一例。

上官婉儿,上官仪之子上官庭芝的女儿。上官仪因在麟德元年(664)草拟废武后诏书,被诬与废太子李忠谋大逆而被处斩,其子上官庭芝一同被杀。当时上官婉儿初生不久,还在襁褓之中。因受祖父犯罪牵连,随母一起被投入掖庭为婢。在宫中上官婉儿受到良好的文化

教养,史载她"博涉经史,研精文笔",写得一手好文章,她延续了祖父
上官仪的诗才,成为唐初一位杰出的女诗人,《全唐诗》中有存诗 32
首。有一次,武则天偶然间发现了上官婉儿的七言诗,文辞优美,十分
喜欢,便不计前嫌,把上官婉儿召入宫中,留在自己身边,放手使用。
当时上官婉儿年仅 14 岁。圣历之后,百司表奏,多令其参决,成为武
则天的心腹笔杆。唐中宗时,她还经常参加宫中诗会,"数赐宴,赋诗,
君臣赓和,婉儿常代帝及后、常宁、安乐二主,众篇并作,词旨益新。又
差第群臣所赋,赐金爵,故朝廷靡然成风……婉儿力也"(《全唐诗》卷 5
《上官昭容》)。可证在武则天的熏陶和支持下,上官婉儿对繁荣唐代
文学是起了一定作用的,并成为留名唐史的一个重要人物。

　　郭沫若先生十分赞赏武则天和上官婉儿不计杀父之仇的私怨,在
国事上共同合作的雅量,并把这一故事编进历史剧《武则天》中,剧中
有一段武则天向上官婉儿解释当年杀她祖父情由的精彩谈话:

　　　　武则天:自从汉朝灭亡以来,天下就没有长治久安过。曹氏
　　父子夺了刘家的天下,司马氏父子不久又夺了曹家的天下。司马
　　氏得到了天下之后不两代便兄弟哄抢,大家抢做皇帝,因而有了
　　八王之乱,相互斫杀,更因而引起了五胡乱华,天下分崩。你看南
　　朝的宋、齐、梁、陈吧,那总共只有 170 年,换了四个朝代。而每次
　　改朝换代都是大臣篡位,袭取了曹氏、司马氏的故智。这种风气
　　也传到了隋朝。隋朝 38 年的江山是被大丞相宇文化及在一天晚
　　上搞掉的。宇文化及虽然死了,但他的阴魂并没有死。

　　　　上官婉儿:呵,我完全明白了。我的祖父就是宇文化及的借
　　尸还魂。

　　郭沫若在这里真是把两个才华出众,足智多谋,又兼胸怀博大的
女性写活了。无论历史上是否有过这么一段精彩的谈话,但武则天和
上官婉儿不计前嫌的密切合作的事实,是值得称道的。

和上官婉儿类似的，还有安西大都护王方翼，他的前辈也是被武则天杀害。他是唐高宗原配王皇后的族人，武则天并未因王皇后是她的死对头而拒绝任用王方翼。再如长安四年（704），武则天令宰相推荐能胜任员外郎人才，韦嗣玄推荐了广武令岑羲。有人对武则天说：岑羲的伯父岑长倩被杀，不宜重用。武则天却说："如果本人有才干，又有何妨？"当即任命岑羲为天官员外郎。

慧眼识珍，重用贤能

武则天选贤任能的例证举不胜举，其中最突出、最有代表性的还是对狄仁杰的使用。

狄仁杰，是中国历史上有名的贤臣，被历代传颂为断案圣手，是受到武则天关心、信任和重用的贤相之一。

狄仁杰像（清代版画）

狄仁杰，太原人，明经出身，唐高宗时曾担任过并州都督府法曹、大理丞、侍御史、宁州和豫州刺史等职。在做大理丞时，到任一年内处理陈年旧案羁押的狱囚达17000人，竟没有一个不服上诉的。

狄仁杰坚持以法定罪的一个故事说，武卫大将军权善才误砍昭陵柏树，狄仁杰判罪当免职，唐高宗令立即处死，狄仁杰坚持罪不当死。唐高宗很生气，说权善才砍昭陵柏树，是使他不孝，必须杀之。皇帝左右的人示意让他出去，狄仁杰不睬，依然慷慨陈辞：自古以为给皇帝提意见是难事，我以为不然。居桀、纣时则难，尧、舜时则易。明主可以理夺,忠臣不可以威惧。徒、流、死罪,都是有等级差别的,哪里有所犯不是死罪,却下令赐死的?"法既无常,则万姓何所措其手足!"今陛下以昭陵一株柏树杀一将军,千载之后,谓陛下为何主? 狄仁杰说,这就是我不敢奉旨杀善才,陷陛下于不道的原因。说得唐高宗没了脾气,权善才因而免死。后来唐高宗称赞狄仁杰是"真大丈夫"。

后来,狄仁杰转外任为宁州刺史,安抚爱民,和睦各族,郡人立碑颂德。朝廷御史巡察,入宁州境内,耆老歌刺史德美者盈路。这颂德碑,秦汉时已有,是刻石记颂功绩政德,也称遗爱碑。唐朝时为官有异政,贡献突出,经考核承认,吏民要求立碑颂德,须经详审事实,州郡上书报告,朝廷下恩敕准许,方得建立。宁州、丰州为狄仁杰立颂德碑,是他的殊荣。

由于狄仁杰的忠谏善断,刚正不阿,引起武则天的重视。武则天称帝后的第二年,即天授二年(691),便擢升狄仁杰为当朝宰相。但上任不久,便被酷吏来俊臣等人编织罪名,诬告下狱,同时被诬告的还有宰相任知古、裴行本及司农卿裴宣礼、前文昌左丞卢献、御史中丞魏元忠、潞州刺史李嗣真等一批官员。

当时有个规定,下狱者一经讯问便承认谋反的可以减死罪,来俊臣以此诱逼他们认罪。狄仁杰佯装服罪,叹息道:"大周革命,万物惟新,唐朝旧臣,甘从诛戮,反是实!"判官王德寿又逼他诬引新入相的武则天的本家外甥杨执一。狄仁杰痛不欲生,呼"皇天后土,遣仁杰做这等事!"用头撞柱,血流满面,吓得王德寿赶忙逃跑。狄仁杰为后人树立下狱后可以自诬,但决不诬人的道德底线。

机智狄仁杰谋自救,趁狱中放松了看管,拆下被头帛,写成冤状,悄悄藏入绵衣内,让王德寿转交给他的家人,说天热了,让家人拆去丝绵,从而巧妙地把写成的冤状带出狱外。狄仁杰的儿子狄光远拆出帛书,拿去告御状。武则天看到后查问来俊臣,来俊臣诡称狄仁杰等下狱,备受优待,如果不是事实,怎肯承认谋反。武则天派通事舍人周琳前往狱中检查,周琳慑于来俊臣的淫威,进了监狱眼皮都不敢抬。来俊臣又让王德寿伪造了一份狄仁杰的谢死表,交周琳回宫呈上。

经来俊臣这么一弄假,狄仁杰等的性命危在旦夕,这时却意外地出现了一个救星,此人竟是三个月前被处死的宰相乐思晦的儿子,尚不满10岁。这位勇敢少年上殿求见,对武则天说:陛下的威权法度被来俊臣等窃弄,如果不信我说的,陛下可以挑一个一向信任的大臣,交给来俊臣去查他谋反的罪状,没有不承认谋反的。武则天听到这番话才有所察觉,便召见狄仁杰,问他为何承认谋反?狄仁杰回答,以前如果不承认谋反,早就死于鞭笞了。武则天弄清所谓狄仁杰的谢死表也有诈,就免了狄仁杰等的死罪。但是按当时武则天为开告密之门所定的规矩,无论有罪无罪,只要是被告,都要受处分,狄仁杰等都被贬为县令或流放远地。狄仁杰大难不死,使武则天保住了一位日后为她料理朝政的栋梁之臣。

同案下狱的魏元忠,即当年督促李孝逸迅速出击平定扬州叛乱的监军。无赖出身的酷吏侯思止审问时冲他喝道:"急认白司马,不然,即吃孟青。"孟青是指杀博州起兵的李冲的孟青棒,意思是不招供就用棒打。魏元忠不像不吃眼前亏的狄仁杰,还顶撞这个无赖侯大,被倒曳后,爬起来仍说自己命薄,好像骑恶驴掉下来,脚挂在蹬上被拖曳。被骂为恶驴的侯思止又曳他,还说魏元忠拒捍制使,要奏请处以死罪。魏元忠急中生智,吓唬这个不识字的恶棍,你如今身为国家御史,须识礼数轻重,怎么身穿朱紫,亲御天命,不办正事,说什么白司马、孟青,这是什么话!除了我魏元忠,没人教你。魏元忠一顿劈头盖脸的教训,使侯思止丈二和尚摸不着头脑,以为自己信口开河惹了大祸,连声说自己死罪,幸蒙中丞大人示教,把魏元忠搀到床上坐,魏元忠"就坐自若",把这个愚昧不堪的酷吏美美地捉弄了一番。此事传开后成为一时笑谈,武则天听了也大笑不止。后来魏元忠被召还复职,武则天问他,你为什么一再被告挨整?魏元忠回答:我好像是头鹿,罗织之吏是捕猎者,要吃我的肉,他们要杀我邀功求得提拔,我有什么办法呢?

乾陵全景

　　公元705年，绝代女皇武则天以82岁高龄死于东都洛阳。按照她得临终遗愿，第二年与唐高宗合葬乾陵，乾陵也成了中国历史上唯一的一座两位皇帝的合葬墓。

乾陵无字碑

　　帝王死后，陵前立碑纪文，这是“礼”。但武则天的陵前所立石碑却只字未刻，是遵从武则天的遗嘱？还是继位的唐中宗因母后功昭日月而难于言表？或者是其中的隐情难以说清？一块无字碑，到底隐藏着多少未解之谜？

同案的李嗣真，曾为御史中丞知大夫事，一年前曾上疏谏酷吏纵横，"恐为社稷之祸"，武则天未予理睬，还把他赶出京都调任潞州刺史。这次遭诬陷，他被流放岭南，五年后的万岁通天年间征还，死于途中，"则天深加悯惜"。

此案前前后后发生的事，使武则天较多地了解了酷吏们的种种劣迹，促使她开始考虑改变酷法滥刑。狄仁杰、魏元忠等一批官员的免死，可视作这一改变的开始。同年夏秋之交发生的严善思案也可证明武则天的这一变化。

监察御史严善思"公直敢言，时告密者不可胜数，太后亦厌其烦，命善思按问，引虚伏罪者850余人，罗织之党为之不振"。不过他本人因此遭来俊臣诬陷，"谪交趾，五岁得还"。

严善思打击罗织之党，是受到武则天的支持才奏效的。当时还有宰相李昭德、右补阙朱敬则、侍御史周矩等纷纷上疏面奏，攻讦酷吏的奸诈凶暴，要求省刑宽仁。武则天开始改变以前对这类疏奏不理睬的态度，"因是制狱稍息"，酷吏稍稍有所收敛。武则天本人也因政治空气有所和缓而心境轻松，已届古稀之年，不仅不衰老，反而齿落更生，当年九月改元长寿，取其吉祥。

我们引录狄案的全过程，旨在说明即使是在酷吏横行之时，武则天也不失她作为一个杰出政治家的明断，在关键时刻保护了狄仁杰、魏元忠、李嗣真等一批忠良之士，这批人都成为武则天执政时期的栋梁之臣。

狄仁杰卷入上述案件后，虽离开了相位，但并未离开武则天的视野。武则天每当朝政紧急之时，常对狄仁杰委以重任，继续放手使用。如万岁通天年间（696—697）契丹军攻陷冀州，百姓惊恐不安。武则天特派狄仁杰到魏州任刺史。他到任后，迅速安定民心，使契丹军闻风不战而退，百姓都佩服狄仁杰的胆略，立碑记载他的功德。

后来，狄仁杰又重归相位，继续把自己的全部精力用于辅佐武则天治理朝政上。他能言明谏，为武则天出过不少好主意。史书上记载

武则天赐狄仁杰紫袍上自制的十二金字

着这样一件事：武则天欲造大佛像，用工数百万，并令天下僧尼每日人出一钱。狄仁杰上疏谏曰："臣今思惟，兼采众议，咸以为如来设教，以慈悲为主，下济群品，应是本心，岂欲劳人，以存虚饰？当今有事，边境未宁，宜宽征镇之徭，省不急之费。设令雇作，皆以利趋，既失田时，自然弃本。今不树稼，来岁必饥，役在其中，难以取给。况无官助，又无得成，若费官财，又尽人力，一隅有难，将何救之！""则天乃罢其役"，从而避免了一场劳民伤财的举动。尤其是在后来的迎庐陵王还朝一事上，"仁杰前后匡复奏对，凡数万言"，可谓竭尽全力。

狄仁杰以其杰出的才华和政绩，赢得了武则天的高度信任和尊重。武则天在赐他的紫袍上亲自制了12个金字："敷政术、守清勤、升显位、励相臣"，给了他很高的评价。这12个金字被后人刻成石碑，至今仍立在洛阳狄仁杰墓前。

狄仁杰晚年因病一再请求告老还乡，武则天不准。久视元年（700）九月狄仁杰去世，武则天伤心落泪，感伤苍天为何夺我"国老"太早！叹息朝堂空矣。并下诏为之举哀，废朝三日，赠文昌右相，谥曰文惠。唐中宗复位后又追赠狄仁杰为司空，到唐睿宗时更追封狄仁杰为梁国公。深受武则天器重的狄仁杰，他生前的荣耀和死后的殊荣，无不折射出绝代女皇武则天在选贤任能上所表现出的明智和胸怀！

第八章

狡兔死，走狗烹——武则天和酷吏

滥刑怖天下，打通称帝之路

防复辟，继续「酷吏政治」

黑暗恐怖下的几分光明

"以刑法理天下"、"委政御史"、"肆斩杀怖天下"（《新唐书·则天武皇后传》），是武则天为了巩固自己统治地位而采取的重要手段，凭借着这酷吏政治，武则天的确实现了从临朝称制到建立武周王朝后一段很长的时间内的稳定，在风风雨雨中维持了则天朝 21 年的统治。但也留下了千古骂名，被斥为"淫刑之主"。

　　推行"以刑法理天下"的酷吏政治，非武则天首创，中国古已有之。"仁治"与"刑治"历来是封建统治者交替使用的两手。秦汉以来，奉行以刑治天下的统治者大有人在。秦代刑法苛刻，有夷三族之刑。死刑先是在犯人的头上和面部刺字叫黥；再把鼻子割掉，叫劓；然后把左右手和脚趾头剁掉，叫斩左右趾；最后才用乱棍打死；人死后，还要斩其首；头割掉还不罢休，最后还要把尸体制成肉酱。刘邦初年，开国功臣彭越被判族诛，本人被制成肉酱分给诸侯，依据的就是秦时的刑法。和武则天一样同以"皇后"身份临朝称制的刘邦妻子吕后杀韩信和对戚夫人行人彘之刑，也是历史上有名的暴行。

　　既然专制帝王"以刑理天下"的暴虐之行古已有之，那么，为什么惟武则天的淫刑格外引人重视，恶评如潮呢？除去她以一个女子的身份破天荒地登上帝位，从而不可避免地引来非议外，一个不可否认的事实是，武则天推行"酷吏政治"，时间长，受害面广，且记载详尽，劣迹大白于天下。

　　武则天选择"酷吏政治"，作她的护身之法，是有很深刻的社会背景的。

　　武则天要在中华大地这样一个古老的有男尊女卑传统的大国实现"女主"统治,不可避免地要遭到各种势力的反对。这些势力中,既有涉及利益和权位之争的李唐王室,也有受世俗传统观念影响的官员。从皇后废立之争起,反对她的声浪便已形成。到她临朝称制时,朝廷内外反对的言行已很普遍。除徐敬业、李唐王室两次起兵外,反对武则天的声音还通过各种形式反映出来。比如,狄仁杰的姨母卢氏不许儿子"事女主"(《松窗杂录》,引自《太平广记》卷271"卢氏");裴炎的侄子裴伷先说武则天"早宜复子明辟,高枕深居";江陵人俞文俊上书说新丰有山踊出是因为"陛下以女主处阳位,反易刚柔。故地气塞隔,而山变为灾"(《资治通鉴》卷230),要武则天"侧身修德,以答天谴"。连她的亲信刘祎之也劝她:"不如返政,以安天下之心。"更有虢州人杨初成"矫制于都市募人迎庐陵王于房州",鄱阳公李谌也"谋迎中宗于庐陵"。在这种社会背景下,武则天除了直接动用军队消灭武装反抗的扬、豫、博官僚宗室外,还大开诏狱,施用滥刑来镇压公开的和潜在的反对派,"委政狱吏","以刑法理天下","肆斩杀怖天下",也即人们所诟病的"酷吏政治"。

　　武则天实行的"酷吏政治",从文明元年(684)二月立睿宗数日后,武则天奖励告密人算起,到万岁通天二年(697)六月把大酷吏来俊臣送上断头台为止,整整延续了14个年头。历经中宗被废,武则天临朝称制,到废唐立周等重大历史事件,情况复杂,案件纷繁,殃及人数众多。至于到底发生过多少案件,有多少人受害,这笔孽债应该一一搞个水落石出。为了叙述的方便,我们以武则天废唐立周为界,把武则天实行酷吏政治,分为前后两个时期,以此来探求酷吏政治的来龙去脉,前后变化,从而做出比较中肯的评价。

滥刑怖天下,打通称帝之路

　　酷吏政治的前期阶段,从文明元年(684)二月废中宗立睿宗起,至天授元年(690)九月武周政权建立前止,历时 6 年半时间。这一阶段朝廷内部的矛盾和斗争是围绕着武则天要巩固临朝称制的权力,并进而称帝这一中心问题展开的,是否还政李氏成为这一中心矛盾的焦点。

文明元年(684)二月中宗李显被废后数日,有十余飞骑聚饮,其中一人发牢骚说:"向知别无勋赏,不若奉庐陵。"另一人到玄武门去报告,武则天便捕杀了这十几个飞骑,并立即授给告密的人五品官。在这种奖惩示范下,告密之风勃然而兴。

诚如史书所载,武则天针对宗室大臣中存在的"反武"情绪,"欲大诛杀以威之,乃盛开告密之门"。规定:"有告密者,臣下不得问,皆给驿马,供五品食,使诸行在,虽农夫樵人,皆得召见,廪于客馆,所言或称旨,则不次除官,无实者不问。"造成"四方告密者蜂起,人皆重足屏息","囹圄如市,朝廷以目"(《唐会要》卷 41《酷吏》)的恐怖局面。

武则天下诏:朝廷设置的登闻鼓及肺石,不必派人看守,有来挝鼓击石的人,御史要去接状纸来报告。登闻鼓是古代帝王为了表示听取大臣的谏言和百姓的冤情而置鼓于朝堂之外,官员和百姓可以击鼓鸣冤以达上闻,所以得名登闻鼓。肺石是古时设在朝廷门外的一块形如肺状的石头,民有不平,可以击石喊冤。武则天下诏不用派人看守,其目的也在于保护告密者的隐私,可以在人不知鬼不觉中完成告密。

垂拱二年(686)三月武则天又采纳鱼保家的建议,在朝堂设置铜匦,即铜制的箱子。箱子设计是为投放信件。设置铜匦虽也征求"言朝政得失","言天象灾变及军机密计",但主要是"受天下密奏"以"周知人间事",实际上起了鼓动人们告密的作用。从此,告密的信件源源不断地涌进了铜匦。具有讽刺意味的是,没过多久,铜匦中便出现了一份告发鱼保家的信件,大概是诬告他曾为叛乱头子徐敬业制造兵器,还杀了许多官兵。并说鱼保家为了逃脱追究,才向太后献铜匦之策的。武则天信以为真,便下令将鱼保家处斩了。

制匦者死了,但铜匦却保存了下来,继续为告密者使用。一个投机者死了,但更多的鱼保家似的投机家,出于升官发财的诱惑,向武则天靠拢来。武则天很快就从这些人中,物色到一批打手和鹰犬,形成了一支酷吏队伍。

唐中宗神龙元年(705)三月下诏列举了酷吏27人的名单,其中著名的有丘神勣、周兴、来俊臣、索元礼、傅游艺、侯思止等(《旧唐书·来俊臣传》)。开元二年(714)唐玄宗李隆基清理历史旧案时又补了周利贞等13名酷吏。《唐会要》卷41《酷吏》所载魏靖上疏中还有崔献可。现在可知共有41个酷吏的名字。他们"相与私畜无赖数百人,专以告密为事"。来俊臣和朱南山、万国俊还编写了一部《告密罗织经》,"教其徒网罗无辜,织成反状,构造布置,皆有支节"。"一人被讼,百人满狱,使者推捕,冠盖如云"。"诸方告密,囚累百千辈……及其穷究,百无一实"(《资治通鉴》卷203、《旧唐书》卷186上《来俊臣传》、《索元礼传》、《新唐书·酷吏传序》)。竟然写一本书,专门教人如何网罗无辜,织成反状,真是无奇不有!也可见这些人已经无耻到了极点。

更为恐怖的是,酷吏们为了弄假成真,"竞为讯囚酷法",发明了"定百脉"、"喘不得"、"突地吼"、"著即承"、"失魂魄"、"实同反"、"反是实"、"死猪愁"、"求即死"、"求破家"等十号大枷(《唐会要》卷41《酷吏》)。还有一些肆意折磨人的名堂,如"泥耳笼头,枷研楔毂,折胁签爪,悬发薰耳,卧邻秽溺,曾不聊生,号为狱持;或累日节食,连宵缓问,昼夜摇撼,使不得眠,号曰宿囚"(《旧唐书·索元礼传》)。"讯囚引枷柄向前,名为驴驹拔橛;缚枷头着树,名曰犊子悬车;两手捧枷,累砖于

武则天时期的酷吏政治

上,号为仙人献果;立高木之上,枷柄向后拗之,名玉女登梯"和"方梁压髁,碎瓦搘膝……凤晒翅,猕猴钻火"(《朝野佥载》卷 2)等等骇人听闻的酷刑。酷吏们这种变着法子往死里整人的刑法,就是要使囚犯"战栗流汗,望风自诬",从而达到他们屈打成招、弄假成真的目的。

酷吏们还在洛州牧院和皇城丽景门即新开门内设制狱。大酷吏来俊臣主狱事,"每鞫囚,不问轻重,多以醋灌鼻,禁地牢中。或盛于瓮,围炙以火,绝其糇粮,至有抽衣絮以啖之者。又令寝处粪秽,备诸苦毒。但入新开门狱者,自非身死,终不得出"。皇城内丽景门因此被称作"例竟门"。当时公卿大臣入朝,"必与其家诀曰:不知重相见不?"(《旧唐书·来俊臣传》)这样,由鼓动告密,罗织罪状,设置制狱,到滥刑讯囚,一整套完整的执行恐怖政策的制度和机构便形成了。

这一时期,酷吏们经办的主要案件,除我们在前面已经阐述过的,涉及李唐王室的废太子李贤案、李唐宗室起兵案、鄱阳公李諲案、纪王李慎案、舒王李元名案、泽王李上金案、许王李素节案、南安王李颖案;涉及宰相的裴炎案、刘祎之案、骞味道案、魏玄同案、韦方质案、范履冰案、裴居道案等,有记载的案件还有:

垂拱三年(687)九月的杨初成案。杨初成,虢州(今河南三门峡)人,因诈称郎将,矫制于都市募人迎庐陵王于房州,事情被察觉后,伏诛。

同年十一月的李孝逸案。武承嗣指使人诬陷李孝逸称自己"名中有兔,兔,月中物,当有天分"。这是谋大逆罪。武则天念他平息扬州叛乱有功,减死除名,流儋州并死在那里。受株连的有崔知贤、董元昉、裴安期等朝臣。

还有发生在垂拱三年的冯元常案。冯元常是相州安阳人,北齐右仆射冯子琮之曾孙,举明经,唐高宗时历官尚书左丞,甚得信重。皇帝重病中诏令平章百司奏事。冯元常尝密奏:"中宫权重,宜稍抑损。"(《旧唐书·冯元常传》)武则天因此讨厌他。到武则天临朝后,冯元常又奏嵩阳令樊文进瑞石为诡伪,扫武则天的兴,被迁出京城,任陇州刺史，而后又任眉州刺史，广州都督，垂拱三年讨平安南李嗣仙，虽屡有政绩，不录功，终被酷吏周兴陷害，追赴洛阳，下狱死。

垂拱四年（688）的郝象贤案。太子通事舍人郝象贤是上元二年（675）谏止唐高宗逊位于武则天的郝处俊的孙子。有家奴密告郝象贤谋反，酷吏周兴审鞠此案，郝象贤被判死罪。家人为其讼冤，监察御史任玄殖奏郝象贤无谋反的表现，被免官。临刑时，郝象贤破口大骂武则天，并揭露宫中丑事，夺市人柴击打行刑的刽子手，被巡街的金吾兵格杀。武则天命支解其尸体，掘他的祖坟，毁棺焚尸，以解心头之恨。从此以后，死囚押往刑场时先以木丸塞口，以防他骂出声来。

永昌元年（689）八月的徐敬真案。徐敬真是徐敬业的弟弟，扬州兵败后流放绣州，这时逃归，过洛阳，欲投奔突厥。洛州司马弓嗣业、洛阳令弓嗣明出资遣送，至定州（今属河北）被抓获。弓嗣业自缢死。弓嗣明、徐敬真胡乱招供了一批"海内知识，云有异图，冀以免死"，以至"朝野之士为所连引坐死者甚众"。弓嗣明还诬引宰相张光辅当年为诸军节度，"征豫州日，私说图谶天文，阴怀两端，顾望以观成败"（《旧唐书·张光辅传》）。张光辅因此被陷成死罪。但弓、徐二人也未能逃免，一同被诛。受到牵连被杀的还有陕州参军弓嗣古、相州刺史弓志元、蒲州刺史弓彭祖、尚书监王令基。彭州长史刘易从也被徐敬真"供出"，他为官清谨，临刑时市民怜其无辜，纷纷奔赴刑场，竞相解衣投地，"为长史求冥福"，官吏收集衣物竟价值十万。被诬引与徐敬业同谋的还有秋官尚书张楚金、前宰相陕州刺史郭正一、北门学士凤阁侍郎元万顷、洛阳令魏元忠等，临刑前武则天派人驰骑传达赦令，张楚金等才死里逃生。闻者皆喜悦欢呼，惟魏元忠安坐不动，待赦使宣赦完毕，才徐徐站起拜谢，不露喜忧之色。这批人被免死后都流放到岭南。这个案件很典型地说明了在酷吏政治下当时的诬陷连坐之风是何等剧烈。

永昌元年还有发生在十月的黑齿常之案。黑齿常之是百济人，降唐后历任禁军将领。仪凤三年（678）后出为河源军副使、大使，"在军七年,吐蕃深畏惮之,不敢复为边患"(《旧唐书·黑齿常之传》)。光宅元年(684)十一月为江南道大总管讨伐徐敬业。垂拱三年(687)为燕然道大总管,与副大总管李多祚率军击突厥,在朔州(今山西朔县)黄花堆取得大捷,突厥散走碛北。这时他任右武卫大将军,掌禁军,地位十分重要,被周兴等诬陷与右鹰扬将军赵怀节等谋反,下狱自缢而死。黑齿常之是当时仅存的几员名将之一,他又善御众,所乘马被兵士伤,他不许鞭打惩罚兵士,认为"岂可以损私马而决官兵乎!"在历次战役中前后所得赏赐金帛等,皆分给将士,自己无所取,所以很得人心。及死,人皆哀其冤枉。

载初元年(690)的邑斋案。衡水无赖王弘义游赵州、贝州,见闾里耆老作邑斋。这本是民间社邑的一种很平常的活动,王弘义为邀功,告以谋反,一次竟杀参与邑斋活动的普通百姓200余人,王弘义也因此被授予游击将军之职。后来,他奉敕按问胜州都督王安仁谋反一事,安仁不服,王弘义竟在枷上刐其首级,又捕杀其子,函首而归。路过汾州,司马毛公宴请他,不料吃了一半他便叱毛公下阶处斩,枪挑首级入洛阳,见者无不震栗。王弘义这个无赖的所作所为使我们很形象地看到酷吏们的丑态和凶狠。

通过这一时期的酷吏政治,残留的李唐宗室被残杀殆尽,宰相班子几经易人,也大都被杀。无端的杀戮,成为这一时期酷吏政治的显著特点。诚如《新唐书·则天武皇后传》所言:武则天"稍图革命,然畏人心不肯附,乃阴忍鸷害,肆斩杀怖天下,内纵酷吏周兴、来俊臣等数十人为爪吻,有不慊若素疑惮者,必危法中之。宗姓侯王及它骨鲠臣将相骈颈就铁,血丹狴户,家不能自保。太后操复具坐重帏,而国命移矣"。

武则天正是以这种铁血手段,打通了直逼皇帝宝座之路——一条充满杀戮,充满血腥之路。

大周王朝在武则天导演的一幕幕闹剧中诞生了。这场异乎寻常的改朝换代看上去是那么平静顺畅,此后再没有发生像以往扬、豫、博州那样公开举兵反抗的事件,但那时的社会毕竟是一个崇尚男尊女卑的专制社会,已历三朝的唐王室的影响也不可能一下绝迹,对武则天当女皇,仍有许多人不能接受,反对武则天的言行时现朝野。为了防备可能出现的颠覆活动,武则天在称帝后,继续施展其铁腕,任命酷吏,大兴冤狱。

防复辟,继续"酷吏政治"

第二阶段的酷吏政治,从她称帝的天授元年(690)算起,到万岁通天二年(697)六月把大酷吏来俊臣送上断头台为止,长达7年。

由于李唐宗室中的反对派在这以前已被彻底摧毁,因此她称帝后滥刑的主要打击对象是朝中的反对派官僚。在这后7年的酷吏滥刑中,各种案件多而杂,我们只能选其中主要的、有影响的政治案件,按时间顺序简要列出,从一个侧面探察大周王朝前期的社会政治状况。

其一,天授元年(690)十月的宗秦客案。武则天的堂姊之子凤阁侍郎宗秦客垂拱年间曾密奏劝武则天革命,武则天称帝后擢升他为内史,仅一个月后就因贪赃罪贬为遵化尉,他的弟弟宗楚客、宗晋卿发配流放,内史邢文伟被连坐,贬珍州后自杀。这年初因得罪武承嗣、武三思,被周兴陷害贬儋州的前宰相韦方质被杀。

其二,李行褒兄弟案。道州刺史李行褒及其弟榆次令李长沙被酷吏唐奉一诬告,以阴谋复辟李家王朝之罪被杀。徐有功为李争辩没有成功,反被周兴诬为"故出反因,罪当不赦"。武则天不许继续追究,但仍罢免了徐有功。此案发生的时间史书记载不详,从《资治通鉴》记载推断应为天授元年末。

其三,天授二年正月的刘行感兄弟案。尚衣奉御刘行感和他兄弟雅州刺史刘行实、渠州刺史刘行瑜、兄子鹰扬郎将刘虔通等被酷吏来子珣诬告谋反被杀,刘氏兄弟之父左监门大将军刘伯英的棺椁被毁。宰相史务滋与来俊臣同审此案。来俊臣乘机密奏史与刘有私交,在审理中欲为刘掩盖罪行。武则天听后大怒,命来俊臣追究,史务滋因恐惧而自杀。这位史务滋是在武则天称帝后才被提拔到相位上的,仅仅几个月便命丧酷吏之手。

其四,天授二年春天的丘神勣周兴案。丘与周都是恶贯满盈的大酷吏。丘神勣自文明元年(684)受武则天指派去巴州杀废太子李贤后便受到武则天的重用,垂拱四年(688)镇压琅琊王李冲起兵后亲自挥刀尽杀博州官吏,使 1000 余家家破人亡,因有功被加封金吾卫大将军。这时因罪被武则天下诏诛杀。有人告周兴与丘神勣通谋,武则天命来俊臣去查处。来俊臣装作没事的样子与周兴一起吃饭。来俊臣问周兴:"如果囚犯死不承认,该当如何惩治?"周兴回答:"这非常简单,取来一个大瓮,用炭火在四面炙烤,命人把囚犯装入其中,犯人没有不招供的。"于是来俊臣便按周兴的办法命人取来大瓮,四周用火围烤,准备好后,来俊臣突然起身对周兴说:"有人密告你有罪,我奉旨来追究,请老兄入瓮吧!"周兴一听,吓得立即跪倒在地,不住叩头认罪。这便是有名的"请君入瓮"成语出处,故事载《朝野佥载·补辑》中。按律,周兴本该问斩,武则天赦免其死,改流岭表,在路上被仇家所杀,应了那句"善有善报,恶有恶报"的老话。

另一个被称作"四大酷吏"之一的索元礼,其人极端残忍,常因一人犯法,株连数十百人问罪,其行"甚于虎狼",他和周兴前后杀戮数千人,民愤极大。借助此案,武则天"亦杀之以慰人望"。至此,四大酷吏周、来、丘、索已有三个伏法。

丘神勣被诛后,武则天下诏立故太子李贤长子李光顺为义丰王,也算是对李贤亡魂的一种安慰吧!

其五,同年八月的张虔勖、范云仙案。张虔勖即嗣圣元年(684)奉武则天命与程务挺率禁兵入宫废唐中宗的羽林将军,事后擢升为玉钤卫大将军。范云仙为内侍,亦有大将军衔。这时两人俱被陷害入狱。来俊臣审理此案,张虔勖等因忍受不了狱中的酷刑,向徐有功陈述,来俊臣大怒,命卫士乱刀杀之,枭首于市。范云仙说自己历事先朝,也称冤诉苦，来俊臣不让他讲话，命截去其舌头。九月，来俊臣又杀岐州刺史云弘嗣，和杀张虔勖一样，也是先砍头，再上报。真是胆大妄为，凶残至极！

其六，同年九月的傅游艺案。傅游艺就是两年前率关中百姓900人叩宫门上表请武则天改唐立周者。武则天称帝后被加官为鸾台侍郎（正四品上）同平章事，不到一年又加银青光禄大夫（从三品），服色在一年之间便因升官而由青、绿变为朱、紫，时人号为"四时仕宦"。他还被武则天赐姓武氏，其兄傅神童亦封官为冬官尚书，一时并受荣宠。但仅过一个多月傅游艺便被停知政事，降为司礼少卿。但此人的官瘾实在太大，行为又不检点，到了这地步他还做梦登湛露殿，且把这事告诉了亲信，不想被告发，以谋逆罪下狱自杀。武则天念其劝进有功，仍以五品官礼葬。

其七，同年十月的乐思晦、李安静案。乐思晦是高宗朝宰相乐彦玮之子，这时也任宰相，被酷吏所杀。当月被杀的还有时任右卫将军的李安静。李安静的祖父是隋唐名臣李纲，其兄李安仁高宗初年任太子左庶子，太子李忠被废时，僚属奔散，独李安仁泣拜而去。武则天称帝时，王公百官皆劝进，惟独李安静拒不参与。此时兄弟俩同被诬陷入狱。来俊臣逼李安静供认谋反，李安静回答："以我唐家老臣，须杀即杀，若问谋反，实无可对。"这一家五世同堂，几代人都以忠烈闻名。

其八，长寿元年（692）九月的李游道案。涉及此案的共有李游道、王璿、袁智弘、崔神基、李元素等五名宰相和春官侍郎孔思元、益州长史任令辉等人，他们被酷吏诬告，都流放岭南。其中王璿是40年前为李义府出主意向唐高宗进言立武昭仪为皇后的王德俭之子，崔神基是武则天的另一个亲信崔义玄之子。他们的父辈都曾为武则天争皇后出过大力，此时他们被酷吏诬告的具体情节史载不详，但整到他们头上也预示了一种用人不唯亲故的新动向。

其九，长寿二年（693）一月的安金藏案。当时，有人向武则天密告皇嗣李旦有异谋，武则天命来俊臣审讯李旦左右的人。酷刑之下，众人经不住荼毒，都屈打成招，只有其中一个太常工人安金藏大声对来俊臣说："公既不信金藏言，请剖心以明皇嗣不反。"说着"引佩刀自剖其胸，五藏并出，流血被地，因气绝而仆"。武则天听说，即命用舆辇抬入宫中，派御医整治内脏，用桑皮线缝合抢救。第二天安金藏苏醒过来，武则天亲自去探望，叹息道："吾有子不能自明，不如尔之忠也。"并命令来俊臣停止继续审理此案，李旦这才幸免于难。

其十，同年二月的六道使杀流人案。这是一起骇人听闻的大屠杀案。武则天称帝前后，诛杀了许多宗室大臣，其家人亲族被流放在外的数以万计。有酷吏以谶语有"代武者刘（流）"，上告武则天要诛杀这些人，不然一旦同心为逆，社稷必危。武则天派以前和来俊臣一起编写《罗织经》的酷吏万国俊往岭南查问。万国俊在广州把这些流人都召集在一起，逼他们自尽，流人们呼天喊地不服，万国俊把他们驱赶在水边，一个上午就杀了300余人，还上奏诬告：这些在各地的流人全都有怨恨，如果不追究他们，闹事求变之日不会远了。武则天认为他此奏很深刻，又派出酷吏刘光业、王德寿、鲍思恭、王大贞、屈贞筠等五人分赴剑南、黔中、安南诸道查办流人，指令他们"有流放者杀之"。于是这五个酷吏灭绝人寰地开展了一场杀人竞赛，刘光业杀900人，王德寿杀700人，其余三人最少的也杀500人。在这些酷吏的屠刀下，不少早年因各种罪行流放的流人、与武则天称帝事件毫无关系的人犯也一起被杀。这五人制造的惨案加上万国俊合称六道使杀流人案。事后武则天知道冤滥，下制："被六道使所杀之家口未归者，并递还本管。"赦免了幸存的流人及其家属，准许他们回归乡里。制造这起惨案的这六名酷吏，不久都相继死去，无一寿终正寝，有的最后还精神失常，遭到了现世报应。

其十一，延载元年（694）九月的王弘义案。王弘义即永昌二年捕杀作邑斋的赵、贝二州父老二百余人的那个流氓，后升任左台侍御史，因罪流放琼州（今海南省琼山县琼山镇），谎说有朝廷敕令而追还，途中遇侍御史胡元礼，经检验敕令是假。王弘义词穷，以自己"与公气类"哀告胡元礼放过他,胡元礼说:"元礼今为御史,公乃流囚,复何气类",说罢将王弘义杖杀。那时大酷吏来俊臣已由御史中丞贬为殿中丞,又因贪赃犯法再贬为同州参军。朝中没有了大酷吏作主,像王弘义这样的小鹰犬也只得任人惩处了。

其十二,当年九月的李昭德案。李昭德的父亲李乾祐是太宗贞观末年的御史大夫,因与中书令褚遂良不和被贬官。李昭德明经出身,做官很有一套本领,如意元年(692)七月取代武承嗣为相。武承嗣诋毁他,武则天说:"自我任昭德,每获高卧,是代我劳苦,非汝所及也。"有武则天撑腰,李昭德先后杖杀王庆之、侯思止,狠狠打击了来俊臣党羽。但后来李昭德"专权用事,颇为朝野所恶"。在群起而攻之下,武则天也起嫌恶之心,将李昭德贬为钦州南宾尉,没过几天,又免死流放。

在此之前一个月,宰相崔元综也坐事流振州,他"每受制鞫狱,必披毛求疵,陷于重辟"。他被流放后,"朝野莫不称庆"。

次年正月,新入相的周允元与酷吏司刑少卿皇甫文备上奏,告宰相豆卢钦望、韦巨源、杜景俭、苏味道、陆元方附会李昭德,不能有所匡正,这些人也都被贬为外州刺史,宰相班子又一次大换班。

其十三,是万岁通天二年(697)初的綦连耀案。这是一桩谋反案,罪魁是太原元谋功臣刘世龙之侄刘思礼。术士张憬藏为刘思礼看相,说他当历箕州,位至太师。于是刘思礼想入非非,以为太师之职,位极人臣,非佐命无以致之,便恭维洛州录事参军綦连耀说:"公体有龙气。"綦连耀则附和刘思礼,"公是金刀,合为我辅"。于是俩人暗定君臣之契。他们暗中勾结朝中想当高官的人,假托相术,到处许人以三品官的富贵,对愿意上钩者讲:"綦连耀有天分,公因之以得富贵。"万岁通天二年初,凤阁舍人王勮任天官侍郎,用刘思礼为箕州刺史,用以印证相术预言。王勮是"初唐四杰"之一的王勃之兄,其弟王勋为监察御史。王勮对明堂尉吉顼说:綦连耀名"应两角麒麟也,耀字光翟,言光宅天下也"。不料吉顼写成状子交给了来俊臣,来将此事上告,武则天命其堂侄武懿宗追究审理。刘思礼在狱中，胡乱牵连朝中官员，希望以此免除自己的罪行。遭刘思礼诬陷被诛杀的竟达 36 家，其中有宰相李元素、孙元亨，天官侍郎石抱忠、刘奇，凤阁舍人王处、来庭，给事中周谝，太子司仪郎路敬淳，司礼员外郎刘慎之，右司员外郎宇文全志，泾州刺史王勔和王勮、王助兄弟等，受此株连被流放的千余人。武懿宗以宽恕刘思礼作诱饵，令他继续扩大牵连范围。刘思礼自以为得计，从容自若，凡与自己有隔阂、闹过矛盾的，必定诬陷，等到众人被杀戮之后，武懿宗这才收网杀掉了刘思礼。刘思礼堪称不齿于人类的无耻小人，而武懿宗凶残狠毒的豺狼之心亦令人发指，正如《旧唐书》卷183《武懿宗传》中说他："推鞫制狱，王公大臣，多被陷成其罪，时人以为周兴、来俊臣之亚焉。"

这是酷吏政治后期的一桩大案，来俊臣因此得以复用，从被贬为合宫尉的九品小官擢升为正五品上洛阳令。他的重新得志，使苟延残喘的酷吏政治又猖獗了半年。

其十四，万岁通天二年（697）六月的又一起李昭德案。前述延载元年九月李昭德因"专权用事"惹恼了武则天被罢相，两年后又被起用为监察御史，来俊臣、皇甫文备二人为报积怨共诬他谋反，下狱，判处死刑。

其十五，来俊臣案。诬告李昭德得手后，来俊臣利令智昏，得寸进尺，又欲将武氏诸王、太平公主、皇嗣李旦、庐陵王一起罗织，诬他们与南北衙禁军一起造反。阴谋被卫遂忠揭发，武氏诸王与太平公主等共同起来声讨来俊臣，导致来俊臣被捕入狱，被判处极刑。

武则天开始还认为来俊臣有功想赦免，奏状三日不批，群臣疑虑不安。宰相王及善奏：来俊臣凶残狡诈不轨，他所信任的都是屠贩一类小人，而他所杀戮者多数是有品德的君子，如果不剿灭此案元恶，恐动摇朝廷，灾祸从此而起。吉顼也奏：来俊臣聚结不良之徒，诬陷治罪贤良，赃贿如山，冤魂满路，国家之贼人，有什么可惜的！武则天这才批准处决。

六月的一天，李昭德与来俊臣这一对仇人一同弃市，被斩于西市，在刑场上两人仍然怒目相眄。行刑后，无论官员还是百姓，没有不痛惜李昭德，而庆贺来俊臣之死的。对这名酷吏魁首，"国人无少长皆怨之，竞剐其肉，斯须尽矣"，尸骨被践踏成泥，武则天知道天下人都憎恨来俊臣，又下制："宜加赤族之诛，以雪苍生之愤。"一人作恶，招致满门落难。洛阳士民闻讯相贺于路，纷纷说，从今以后可以睡安稳觉了。随着来俊臣的被诛，历经14年的漫长的恐怖酷吏政治也基本结束。

纵观武则天称帝后这7年的酷吏政治与称帝前的7年相比，我们可以清楚地看到如下变化：

首先，这时打击的对象集中于文武官员，因其引发的宰相班子成员的变动尤为激烈，在这七八年里，共用38人为相，平均每人的任职时间仅为一年，这在历代王朝中是罕见的。

其次，在打击文武官员的同时，也把惩罚处治的矛头指向酷吏佞臣，铲除了一批为非作歹的乱臣贼子，如王弘义、丘神勣、周兴、索元礼、来俊臣等，至万岁通天二年，作恶作端的酷吏们被清除殆尽，政治气氛由恐怖走向宽松。

第三，滥刑已有收敛，尽管其间也发生了六道使杀流人案那样的惨案，但纯属冤案的比例已经缩小。

黑暗恐怖下的几分光明

对于武则天这种崇尚告密，重用酷吏，滥杀无辜的做法，当时并不是无人议论。在文学史上留有美名的陈子昂就曾上疏力谏。他写道："今陛下之政虽尽善矣，然太平之理，犹屈于狱官，何以言之？太平之朝，务上下乐化，不宜乱臣贼子日犯天诛。比者大狱增多，逆徒兹广……有无罪之人挂于疏网者。"原因是："狱官务在急刑，以伤陛下之仁，以诬太平之政。"陈子昂恳请武则天亲自诘问系狱囚徒，从而"罪真实者，显示明刑；罪有滥者，严诛狱吏，使天下咸服"。还针对酷吏强调指出："夫狱吏不可信，多弄国权，自古败亡，圣王之诫。"（《陈子昂集》

卷9《谏刑书》)陈子昂的话无疑是对的,但在武则天正为尽快登上帝位,从而不择手段地排除阻力,大开杀戒之时,陈子昂这样的话显然是不会产生任何效果的,武则天要的是除恶务尽的结果,至于过程她是毫不顾忌的。陈子昂没有因此掉脑袋,已算武则天的宽宏大量了。

如果仅仅认为武则天是单纯依靠大兴冤狱,任用酷吏,便取得了她通往称帝之路的节节胜利,那也太轻看了武则天。武则天毕竟是一位走向成熟的政治家,具有超人的雄才大略,不是一个只凭肆虐或暴虎凭河式的匹夫之勇蛮干的泼妇。史实证明,她任用酷吏是有一定限度的,在前面所列出的 27 名大酷吏中,除一名傅游艺外,即使是周兴、来俊臣、丘神勣、索元礼等极为猖獗者,也无一授与相权,只许他们执法而不与执政大权。

在司法机构中她又保留了狄仁杰、徐有功、李日知等一批执法平恕的良吏。如徐有功,“前后济活数十百家”。“尝廷争狱事,太后厉声诘之,左右为战栗,有功神色不挠,争之弥切。太后虽好杀,知有功正直,甚敬惮之”。周兴等酷吏恨之入骨,屡以“有功故出反囚,罪当诛,请按之”,上奏武则天,而武则天偏偏不许。徐有功与酷吏斗争,“凡三坐大辟,将死,泰然不忧;赦之,亦不喜。后以此重之”。在我们前面所提的徐敬真一案,当时被株连险遭屠杀的魏元忠,也有类似的无畏表现。

又如李日知,当时和酷吏胡元礼同在刑部,为杀一囚两人争执往复数四。胡元礼说:“元礼不离刑曹,此囚终无生理!”李日知说:“日知不离刑曹,此囚终无死法!”官司一直打到武则天面前。当时在一些被酷吏们陷害下狱的囚犯间流传着这样一句话:“遇来(俊臣)、侯(思止)必死,遇徐(有功)、杜(景俭)必生。”可见,即使在酷吏政治猖獗的一片黑暗恐怖中,武则天还是有意留下几分光明。正是由于武则天在一手任用酷吏,大兴冤狱之时,又一手亲自物色、选拔、保护了一批像狄仁杰、徐有功、魏元忠一类的正直能干的大臣,才使得她左右逢源,既借助酷吏的残暴无情铲除了一批死敌,又依靠这些正直之士稳定了局面,笼络了人心。她的高明和睿智也正在这里。

也许正是出于这复杂的原因,武则天推行的酷吏政治尽管残暴凶狠,事后也受到历代史官的种种责骂,但在当时还是得到一些比较正直的官僚的某种谅解和支持。如朱敬则就说:"自文明草昧,天地屯蒙,三叔流言,四凶构难。不设钩距,无以应天顺人;不峻刑名,不可摧奸息暴。故置神匦,开告端,曲直之影必呈,包藏之心尽露,神道助直,无罪不除;人心保能,无妖不戮。以兹妙算,穷造化之幽深;用此神谋,入天人之秘术。故能计不下席,听不出闱,苍生晏然,紫宸易主。大哉伟哉!"话虽偏激,但从历史的大背景看,无论是武则天之前,还是在她之后,专制时代的王朝更替,哪一个不是从杀对手、诛功臣开始的呢!依这种思维惯性,我们绝对加以谴责的酷吏暴政,居然在古时还是能被一些人接受的。

但毋庸置疑的是,长达14年的酷吏政治,由此造成的冤案冤魂无数的现实,毕竟使国家蒙难,朝政受损,人心难平。武则天虽然依靠酷吏政治摧毁了李唐宗室和反对派官僚,巩固了自己的统治地位,但也深知落下骂名。面对那么多的冤魂,武则天的内心是无法平静的。她需要一种解脱,也渴望得到别人的理解。

河南登封嵩山中岳庙

武则天终于等到一个机会,这便是她与后来成为开元时期一代名相的姚崇之间的一席著名谈话。

升仙太子碑

据《旧唐书》卷96《姚崇传》记载:圣历年初,有一天,武则天对身边的大臣说:自周兴、来俊臣死后,再听不到有谋逆的事,以前被杀戮的,会不会有冤枉滥杀的呢? 姚崇说:自垂拱以来,这十几年间被告身死破家的,全是被诬告冤死的,密告者有诬告之功,天下被罗织治罪的程度比东汉的党锢还厉害! 陛下令近臣去查问狱情,近臣也不能自保,怎么敢动摇呢? 被查问者如翻供,又害怕遭其毒手,将军张虔勖、李安静等都是这种情况。现在依赖上天降灵,圣情发寤,陛下诛锄凶逆,朝廷太平了。从今以后,臣以自己和全家百口性命,担保内外官再不会有反逆之人。陛下如果收到告状,收起来不要追究,如果以后验证反逆是事实,请治我知而不告之罪。武皇听了大喜,高兴地说:以前宰相们都顺着酷吏们说话办事,害得我成为"淫刑之主",你这样说,很合我的心意。谈话后,武则天赏给姚崇银千两,奖励他为自己使用酷吏滥刑找了一个下台的台阶。

圣历二年(699)二月,她登中岳嵩山,过缑氏,拜谒升仙太子庙后特立了一块升仙太子碑,碑文是她亲自撰文并书写的,铭文中有"日月至明,不能免盈亏之数"。圣历三年正月,武则天祭祀嵩山后派使臣投放金简,1982年此金简在嵩山峻极峰北侧的大石缝中被发现。这通金简长 36.3 厘米，宽 8.2 厘米，重247 克，上面镂刻着如下文字："大周国主武曌，好乐真道，长生神仙，谨诣中岳嵩高山门，投金简一通，乞三官九府除武曌罪名。大岁庚子七月甲申朔七日甲寅，小使臣胡超稽首再拜谨奏。"从文物的角度看，此简中，"国、曌、月、日、臣"几处用了武则天时期改造的文字，当是可信的。这通金简明白无误地表明了武则天借助投放金简，向据说能为人赦罪解厄的道家天官、地官、水官三帝及九府神仙祷告，求为她解除罪名。如今仍完好地矗立在偃师缑氏镇的升仙太子碑和新发现的金简，依然在向人们诉说着 1300 多年前的那个威风八面的一代女皇心中的惶惧和悔恨！

武则天乞除罪金简

　　作为一个身在九五之尊的皇帝，一个已年逾古稀的老人，武则天能够为自己的错误政策及其产生的恶果，承担罪责，已属难能可贵，显示作为古代社会杰出的女政治家的武则天晚来的明智。

第九章

无限风光在险峰——武则天与武周王朝

武则天之所以成为中国历史上一个令人瞩目的人物,是因为她创造了一个神话,作为一个女子竟冲破专制社会"男尊女卑"的厚厚冰层,跃然而起,最终让天下男人拜倒在她的面前,成为中国古代社会的唯一女皇,史无前例,后无来者!

她谱写了一部史诗,尽管某些章节,让人闻之是那么惨烈,甚至毛骨悚然,却难以掩饰整个进程的威武雄壮,惊天动地!

空前绝后的一幕——女皇登基

历经半个多世纪的拼搏,武则天终于取得了成功,登上了人生和权力的顶峰。让我们回到 1300 多年前,一睹那威武壮观的武周王朝的开国大典。

天授元年(690)九月九日(壬午),67 岁的武则天正式登基称帝,成为圣神皇帝,建立大周朝,改元天授。她从 14 岁入宫,从做才人起,历昭仪、皇后、天后、太后、圣母神皇到皇帝,踏破重重艰险,历时长达半个世纪。

这一天是传统的九九重阳节,按唐朝人的习俗,要登高远眺,亲朋高会。武则天选择这一天登基称帝,决非巧合,而是出自理性的思考。20 多年前,她以皇后"亚献"的身份封禅泰山,从而登上泰山之巅。也许从那时起,她就产生了"会当凌绝顶,一览众山小"的感觉和豪情。"登高"是她人生的选择,是她性格中最为宝贵的东西。今天她终于以女主君临天下,登上了夫权制社会的政治巅峰,登上了九五至尊的皇帝宝座。此时此刻,她对这召唤人们登高望远的九九重阳节,焉能不产生联想和钟爱之情呢!

武周的开国大典,自然是庄严而隆重的,完全按照建立一个新王朝的规格进行。戴皇冠、穿龙袍的武则天在众臣的拥戴中登上则天门楼,宣布大周王朝正式建立,自己登基,称"圣神皇帝",改元天授,对天下罪犯,除扬、豫、博三州作乱的要犯,都实行大赦,还大酺7日,普天同庆。

随之是一连串的改换,改皇帝李旦为皇嗣、皇太子李成器为皇孙。又改置社稷,改旗帜尚赤。长安的唐太庙和神都洛阳的唐高祖、太宗、高宗三庙改为享德庙,在洛阳正式立武氏七庙为太庙。

武则天还追尊1000多年前的周文王姬发为始祖文皇帝,以迁都洛邑的平王少子姬武为睿祖康皇帝。这样援引姬周为自己40代远祖实在荒诞不经,只因武则天苦于自己先世没有门第封爵,所以胡乱攀

顺陵(武则天之母杨氏墓)石刻走狮

附，捧出这么一个名武而不是姓武的姬周宗室作为新立武周朝廷的背景，伪称武氏出于姬姓，乃周平王少子生而有文在手曰"武"，遂以为氏。有了这么一个显耀的先祖，武则天自己的祖先们也就顺理成章的好封了。她尊五世祖武克己为严祖成皇帝，高祖武居常为肃恭章敬皇帝，曾祖武俭为烈祖昭安皇帝，祖父武华为显祖文穆皇帝，父武士彟为太祖孝明高皇帝。她的侄儿们自然也获得封爵，其异母兄武元爽子武承嗣、武元庆子武三思被封王，堂侄武懿宗等十余人被封郡王。

武则天深知，自己以女主君临天下是必然要遭到一贯主张"妇无公事"、"雌代雄鸣则家尽，妇夺夫政则国亡"的卫道士们的非议的。为了求得自己登基称帝的合情、合理、合法性，武则天又精心策划了一系列活动。玩这种把戏，武则天是很有一套办法的。

首先，武则天求助于宗教的符谶，从佛教经典中寻找对付儒家男尊女卑理论的思想武器。她从原出天竺（今印度）、北凉时昙无谶翻译的《大方等大云经》中找到根据，这本佛经中记载了净光天女，将以女身当王国土，得转轮王所统领四分之一；还有黑河女主继王嗣，威伏天下之事。正好，僧怀义和东魏国寺僧法明给她送来4卷《大云经疏》，称武则天乃弥勒佛转世，作阎浮提主（佛语即入世之主），李唐王朝该败了。武则天登基称帝，因而有了宗教的依据，有了合法性。为此，武则天称帝后的第二年还下制，佛教在道教之上，以作回报，制书里特别提到了《大云经》"爱开革命之阶，方启维新之命"的作用。《大云经疏》1000多年后在敦煌藏经洞中被发现，同时被发现的还有唐长寿二年（693）达摩流支译的《宝雨经》，由怀义监译，其中也有这样的文字："尔时东方有一天子，名曰'日光'……故现女身，为自在主，终于多岁，正法治化，养育众生，犹如赤子。"可证当时武则天利用佛教为自己登基称帝制造舆论是持续了很长一段时间的。

武则天还别出心裁地陆续改了天、地、日、月等十余字，如合山水土为"埊"（地），合一生为"𤯔"（人），合一忠为"𢘑"（臣），合千千万万为"𠁅"（年）等，最为耀眼的是，她改自己的名为"曌"（音照），取空中日月同辉之意,改字的目的显然是为其改朝换代渲染气氛。这些改过的文字通行各地,包括敦煌珍藏的佛卷中也使用。武则天的改字在当时可能会造成麻烦,但如今对我们判断文物的年代提供了可征的信息。

为了证明自己登基称帝不仅合天意,而且顺人心,武则天在称帝前的几天内,有声有色地导演了一场劝进闹剧。

武则天改字

九月三日(丙子),侍御史傅游艺率关中百姓 900 人叩宫门上表,称武氏符瑞,请改唐为周。武则天当时假惺惺地并未同意,却擢升傅游艺为给事中,以示褒奖。于是百官及帝室宗戚、远近百姓、四夷酋长、沙门、道士合 6 万人纷纷仿效,上表劝进。睿宗皇帝迫于形势也上表自请赐姓武氏。皇帝竟改姓从母亲,意味着将李氏社稷交出,而归附于武周王朝。

五日(戊寅),傅游艺又偕群臣固请,奏说有"凤集上阳宫"和"赤雀见朝堂"等种种祥瑞显示着天意。

毁乾元殿改作明堂的工程,以仅仅 10 个月的惊人速度完成了。这高达 294 尺(按唐小尺长 24.5784 厘米计为 72.26 公尺)的摩天建筑,上面九龙捧圆盖,还施饰金铁凤,下设铁渠注水,环绕象辟雍,号万象神宫,作为宴飨布政联络僧俗人众的场所。明堂北又起更加高大的天堂,供奉僧怀义所造的夹纻大像,传说这个大像的小指中犹能容数十人,应是古往今来室内最大的佛像了。

当一切准备就绪之后,武则天才于九月七日"羞羞答答"地表示愿意接受皇帝和群臣的请愿。两天后,便登上了则天门楼,宣布大周王朝正式建立,普天同庆。重阳节成为武周王朝的开国纪念日。

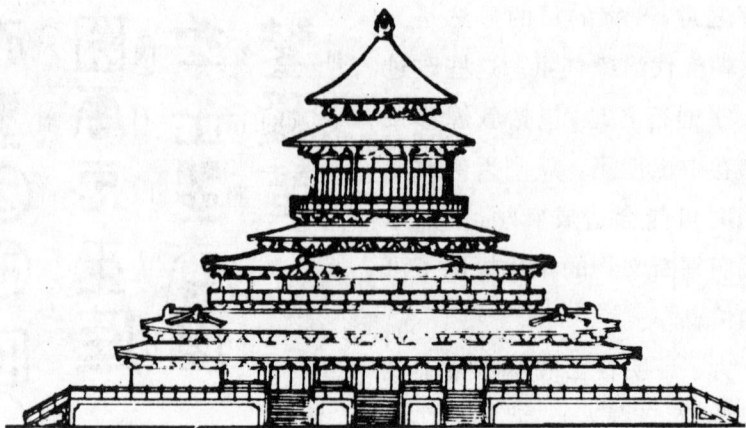

明堂图(王世仁复原)

　　整个社会好像都被女皇气魄非凡的排场震慑住了。在她堂而皇
之地登上皇帝宝座的过程中,再没有发生先前扬、豫、博州那样公然举
兵反抗的大事件,但也并非一切平安,反武的言行似时有显露。为防
备可能的颠覆活动,武则天不得不把更大的精力用于反颠覆上。她继
续任用酷吏,施行恐怖政策,直到万岁通天二年(697)六月把酷吏的主
要头目来俊臣送上断头台才终止了酷吏政治。

　　滥刑废止后,武周王朝的历史进入了一个新阶段。这个阶段的开
始,应以圣历元年(698)九月复立庐陵王李显当太子为标志。这时武
则天的地位巩固了,政治上出现了与实行恐怖政策时期大不相同的开
明景象。

　　首先,伴随着酷吏政治的落幕,酷吏大多罹罪,丘神勣、周兴、索元
礼、来子珣、侯思止、王弘义、来俊臣等大酷吏在万岁通天二年前相继
被杀。万国俊等六道杀流人使也相继贬死或流放。到神龙元年三月,
唐中宗下诏惩治酷吏时,列名在案的 27 个酷吏中,在世的仅刘景阳、
唐奉一、李秦授、曹仁哲 4 人。他们在武则天晚年多已被流放。刑部
大理寺和御史台等机构任用了"用法平允"的徐有功和反对酷吏的魏
元忠、张柬之、桓彦范、袁恕己、宋璟、韦嗣立、纪履忠等人。执法公正

必然会带来政治清明。

其次，武则天放宽了言路。过去不许议论的关于武则天权位的话，这时也让讲了。典型的如苏安恒两次要武则天退位的上疏。第一次是大足元年（701）八月，他上疏请武则天"禅位东宫，自怡圣体"。过去在垂拱三年（687）武则天的近臣刘祎之因讲了同类的话，被视为叛逆而被处死，现在武则天不但没有处罚苏安恒，反而召见、赐食并加以慰谕。长安二年（702）五月，苏安恒第二次上疏："陛下贪其宝位而忘母子深恩……将何圣颜以见唐家宗庙？将何诰命以谒大帝坟陵？"并告诫说："物极则反，器满则倾。"再次要武则天"高揖机务，自恬圣躬"（《旧唐书·苏安恒传》）。对如此言辞激烈的上疏，武则天也没有加罪于他。

再次，在这一时期，武则天应群臣要求，多次发布诏书，为过去陷于滥刑的人免罪昭雪。长安二年（702）十一月，武则天下敕："自今有告扬州及豫、博余党，一无所问，内外官司无得为理。"十一月，武则天命苏颋复查来俊臣等办的旧狱，"由此雪冤者甚众"（《旧唐书·苏颋传》）。长安四年（704）十月，武则天起用岑长倩侄岑羲为天官员外郎，"由是诸缘坐者始得进用"。神龙元年（705）正月初一，武则天大赦"非扬、豫、博三州及诸反逆魁首"的所有自文明元年（684）自己临朝称制以来的"得罪者"。可以说，武则天在退出政治舞台前，或曰武周王朝结束前，把自己搞滥刑造成的冤假错案基本上平反了。

在政治气氛不断改善的社会背景下，圣历元年（698）九月，武则天复立庐陵王李显为太子。复立庐陵王实际上已经向天下昭示了武周王朝的走向，即在武则天身后武周王朝将重新回到李唐王朝的轨道。

回归李唐的前奏——复立庐陵王

武周王朝的建立是武则天历经艰险，奋斗了几十年的结果，为什么会这样轻而易举地在她身后要禅让给李家子孙呢？其中隐藏着哪些奥秘？

探讨其间的奥秘要从武则天的个人处境和深远的社会背景着手。

先从武则天的个人处境分析：武则天以一个女性称帝，改朝换代，建立武周政权，但是随着她的年老体衰，一个不可避免的问题出现了，即传位于谁。如果传位给儿子李显或李旦，那势必复辟李唐王朝，使武周王朝一世而亡；如果要保持武周王朝，只得传位给武姓侄子，但按照传统礼制，将来得宗庙血食如何能有她这个当姑姑、当姑奶奶的份？

李武两族围绕储位而展开的争斗从武周政权建立的那一天起就存在着。武则天在这件事上的举棋不定，使以武承嗣、武三思为首的武家子侄们跃跃欲试，甚至曾联合酷吏迫害李氏宗室。在武则天临朝称制时，武则天为巩固地位和进一步夺取皇位，对提出太后返政复子明辟的，都以忤逆谋反罪予以严厉打击，不只一人为此而掉了脑袋。

武周王朝建立后，李武二姓的争储斗争更加激化。开始阶段，依仗武则天的皇权，武家子侄们明显占了上风。已封为魏王的武承嗣向皇嗣的地位提出了公开挑战，而从皇帝降为皇嗣的李旦则处于不能讲话无力自卫的可怜境地，他的儿子和其二哥李贤的三子李光顺、李守礼、李守义等都被"幽闭宫中，不出门庭者十余年"，不时挨救杖痛责，刑同罪囚。

天授二年（691）十月，洛阳人王庆之等数百人上表，请立武承嗣为皇太子，武则天问他："皇嗣我子，奈何废之？"王庆之引用《左传》晋大夫狐突之言说："神不歆非类，民不祀非族。今谁有天下，而以李氏为嗣乎！"武则天就此事问宰相们，岑长倩以皇嗣在东宫，不宜有此议。另一宰相格辅元也固称不可，"由是大忤诸武"，他俩和宰相欧阳通等数十人下狱，被来俊臣刑讯逼供后处死。

王庆之以为可以得逞，为武承嗣立储一事闹得更凶。凤阁侍郎李昭德假借圣命杖责后扑杀王庆之，宣言："此贼欲废我皇嗣，立武承嗣。"（《资治通鉴》卷204）李昭德看出武则天有立武承嗣之意，便劝武则天："臣闻文武之道，布在方策，岂有侄为天子而为姑立庙乎！以亲亲言之,则天皇是陛下夫也,皇嗣是陛下子也,陛下正合传之子孙,为万代计。况陛下承天皇顾托而有天下,若立承嗣,臣恐天皇不血食矣。"(《旧唐书·李昭德传》)这话说到了武则天的痛处,武则天对唐高宗还是有很深的夫妻感情的。于是,武则天放弃了改立武承嗣为皇太子的考虑。李昭德接着又密奏:"承嗣陛下之侄,又是亲王,不宜更在机权,以惑众庶。且自古帝王,父子之间犹相篡夺,况在姑侄,岂得委权与之? 脱若乘便,宝位宁可安乎?"武则天认为李昭德说得有理,长寿元年(692)八月武承嗣罢知政事,李昭德入相。武承嗣又诬告李昭德,武则天说:"自我任昭德,每获高卧,是代我劳苦,非汝所及也。"

但是,武承嗣并不甘心放弃对储君地位的争夺,他加紧活动来讨得武则天的欢心。长寿二年(693)九月武承嗣策动了5000人上表请武则天加尊号"越古金轮圣神皇帝",翌年正月又加号"慈氏越古金轮圣神皇帝";九月再加为"天册金轮圣神皇帝"。金轮就是佛教世界中的转轮王,是统治世界的大王。武承嗣一次次地为武则天加尊号,无非是迎合武则天的虚荣心,也借此树立他魏王在世人心目中作为圣神皇帝最忠诚的拥戴者的地位。他的这一套把戏还真的起了作用,反对武承嗣立储的李昭德最终还是被治罪罢相。武承嗣等武氏子弟又得势起来。

不过这种局面并未维持多久,形势很快就发生了变化。万岁通天元年(696)契丹人李尽忠、孙万荣起兵反,先后攻陷营、檀、幽、冀、赵五州,在河北一带抄掠。契丹兵围幽州时檄文中说:"还我庐陵、相王来。"(《朝野佥载》卷3)

圣历元年(698)八月,突厥默啜可汗拒绝淮阳王武延秀(武承嗣子)前去迎娶其女,说:"我世受李氏恩,欲以女嫁李氏,安用武氏儿。闻李氏惟两儿在,我将兵辅立之。"(《唐会要》卷94《北突厥》)默啜这次军势很盛,陷定州,围赵州,河北形势十分危急,武则天两次调集45万大军穷于应付。

与此同时,朝廷内部也发生了微妙的人事变化。武则天身边新添了张易之、张昌宗两位新的男宠,成为新的政治势力,相比之下,武承嗣等黯然无色。更重要的是,狄仁杰、姚崇、王及善等一批贤臣先后拜相,成为继李昭德之后的保皇嗣派的新的领袖。

在急剧变化的形势面前,切实解决好储君问题成为武则天稳定局面的关键。武承嗣等武氏子弟虽梦寐以求皇储地位,但他们毫无德望,所凭借的只有武姓一条。狄仁杰则对武则天说:"姑侄之与母子孰亲?陛下立子,则千秋万岁后,配食太庙,承继无穷;立侄,则未闻侄为天子而祔姑于庙者也。"(《资治通鉴》卷206)狄仁杰和同朝宰相王方庆、王及善等力劝武则天召还庐陵王李显。这时另一个宰相吉顼给张易之、张昌宗兄弟出主意说,非有大功,无以自全,唯一可以立功的是介入立储的大政,说:"天下思唐德久矣,主上春秋高,武氏诸王殊非所属意,公何不从容请复相王庐陵,以慰生人之望?"(《旧唐书·吉顼传》)"二张"用其计,屡次和武则天说此事,请复立庐陵王。

在上述多种因素促使下,武则天做出最后决断,再无意考虑更立武承嗣、武三思。圣历元年(698)三月,庐陵王被秘密接回神都洛阳。狄仁杰不知,还为此事"慷慨敷奏,言发流涕",武则天让李显从帐中出来,对狄仁杰说"还卿储君",狄仁杰"降阶泣贺"。八月,武承嗣恨不得为太子,怏怏而死。九月皇嗣李旦聪明地"固请逊位",武则天复立庐陵王李显为太子。

庐陵王复立太子后,对河北的军事形势迅速产生了影响。史书记载:"顼初至州募人,略无应者。俄而诏以皇太子为元帅,应募者不可胜数。"(《旧唐书·吉顼传》)"先是募人月余不满千人,及闻太子为元帅,应募者云集,未几,数盈五万"(《资治通鉴》卷206)。这样一来,默啜在当月就退兵了。

综上所述,武则天复立庐陵王一事,既是她个人处境所使,又是当时边关和国内外政治形势所迫,可视为她在晚年所做的一项合天时、顺民意的明智之举。

庐陵王的复立为太子,实际上已经预示了武周王朝的最终结束。

武则天"恐百岁后为唐宗室蹿藉无死所"，又"虑身后太子与诸武不相容"，乃命太子李显、相王李旦、太平公主与武攸暨等"誓明堂，告天地，为铁券使藏史馆"（《新唐书·则天武皇后传》），还放太子、相王诸子复出阁，恢复自由。这些措施立即改变了紧张的政治气氛。无论武则天与李显、李旦的关系，还是李显与武三思为首的诸武的关系，一时都融洽起来。外廷武则天交由狄仁杰、姚崇等贤相负责，使未来的权力转回李氏手里更有了保证。

　　朝廷内部的安定，促进了整个社会的稳定和繁荣。于是，"乾坤交泰，阴阳和而风雨调；远肃迩安，兵戈戢而烽燧静"（《升仙太子碑》，《金石萃编》卷63）。武则天赢得了最后一段比较安定轻松的日子，赢得了她死后的哀荣，也使她开创的武周王朝在一片灿烂的夕阳下落幕。

　　遗憾的是，在武周王朝落入地平线的那最后一刻，却不是在母荣子贵母欢子笑的气氛中进行的。一场兵刃相见的政变，使武则天辛苦经营了15年之久的武周王朝顷刻瓦解，武则天不得不带着失意和惆怅离开了宫城。

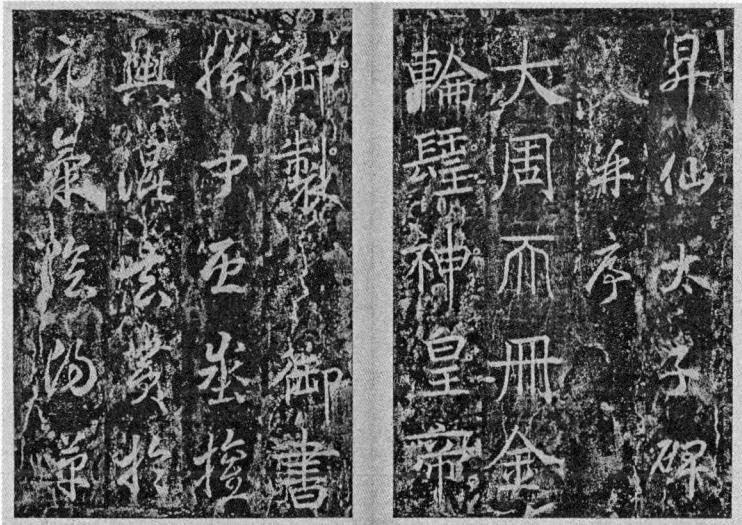

《升仙太子碑》拓片（局部）

短暂而耀眼的武周王朝

武则天建立的武周王朝从天授元年(690)始到神龙元年(705)止,历时 15 个年头。在漫长的数千年中国古代历史长河中,这只是短暂的一瞬,但由于这是唯一的由女主当皇帝的王朝,所以才把它的建立称之为"革命"!

让我们舍弃那些具体的、纷繁的人和事,从历史的、社会的大视野下看看武则天统治下的武周王朝。

讨论武周王朝政绩的得与失,乃至整个武则天从政近半个世纪治国的得与失,应着眼于贞观、开元之间的历史性过渡。

武则天时期历史进程的时代内容,是在生产关系和政权结构上门阀地主的主导地位最终丧失,而被非身份性地主所取代,门阀后时代的开启,便是从贞观到开元之际历史发展的实质性内容。自贞观末(649)到开元初(713)的 64 年间,武则天是政坛上最活跃的人。她参与执政或独立执政长达半个世纪,实际上起到了连接贞观之治和开元之治的作用,在这两个有名的治世到盛世间起了桥梁作用。

贞观之治主要是政治清明,空前开放,但经济则刚刚从隋末战乱中复苏,全国编户至贞观末不过 300 余万户,才相当于隋大业时期的三分之一,土地垦种自然有限,虽社会比较安定,但经济远非富庶。开元年间,全国经济却是一派繁荣景象。如果不是武则天在她执政时期打下的良好基础,那么在她去世后短短的 8 年时间上台的她的孙子唐玄宗李隆基,再有天大的本事,也不可能上台伊始便创造出一个天下大治的局面,随即便是经济、政治状况达到在整个中国古代都堪称巅峰状况的开元盛世。尽管武则天去世前后,8 年里发生了 7 次宫廷政变,一度严重动荡的局面也未能阻滞开元盛世的到来,更可见她打下的基础是坚实的。

如果说上面的分析还嫌笼统的话,那么,下面这些数字却是实实在在的。户部统计,永徽三年(652)全国人口 380 万户,神龙元年(705)增为 615 万户(《唐会要》卷 84《户口数》),53 年间平均每年增长 0.91%,在古代农耕社会里,这是很大的数字(汪篯《武则天》,《汪篯隋唐史论稿》第 130 页)。而这 53 年,正是武则天参政和执政时期。在人口即生产力和战斗力的时代,繁衍人口无疑是当时社会头等重要的社会问题。唐代经济的繁荣,是以这一时期人口不断增长为发展基石的。

整个武则天时期,虽然地方上还出现过"山东群盗",间或有"贼徒滋蔓",但数十年间并未发生过一场成规模的农民战争。这种社会安定的局面为武则天执政前的贞观、永徽和武则天身后的开元、天宝所不及。出现这种局面,与武则天关心农业,重视解决农民问题有关。而重视解决农民中的逃户问题,不失为武则天振兴经济的成功之举。

和政治上武则天始终抓得紧抓得严不同,在经济政策上有点无为而治,尤其在农业政策上更为宽松。早在"二圣"时期,她在上元元年(674)向唐高宗提出的"建言十二事"中,就把农业问题作为第一、二件事。她提出:"一、劝农桑,薄赋徭;二、给复三辅地。"在农业管理上不过多干预一家一户的经营,给农民一定的自由。她当权时虽然实行均田旧制,还不时派人勘田检籍(参陈国灿《武周时期的勘田检籍活动》,《敦煌吐鲁番文书初探二编》,武汉大学出版社 1990 年),却并没有像前面的武德,后面的开元时期那样发布一个田令去维持挽救均田制度。已经实行了两个世纪的均田制,由于对土地、人口、租调、徭役,甚至种植经营内容,都由国家统一规定的僵死政策,对农业生产造成的消极影响越来越大。当时社会上严重的逃户问题,就反映了广大农民要求摆脱国家奴役剥削的愿望和对新的自主生活的追求。

逃户是从国家户籍上脱漏的人户,其中虽然有一些人不事生业,而多数逃户是脱籍不脱产的。他们或者"佃食"于王公百官及富豪之家,或者逃向荒原僻壤去垦辟田土新建家园,有的甚至就留在本土本乡,只是千方百计脱籍以逃免租税和兵役徭役。他们作为国家编户登记在册就要承担租调徭役负担,但往往得不到按均田制规定的应受地的份额。由于耕地不足,为维持生计就需要向地主借种交租,这样便要承受国家、地主的双重剥削,因此许多农民便以脱籍逃亡来对抗。

敦煌莫高窟壁画《雨中耕作图》

对待逃户,武则天采取了富有人情味的宽松政策。敦煌发现的长安三年(703)三月的阴永牒中说到的甘、凉、瓜、肃等州居停在沙州的逃户,和武周王朝对这些逃户所采取的政策:"例被招携安置,常遣守庄农作……今奉明敕:逃人括还,无问户等高下,给复二年。又今年逃户,所有田业,官贷种子,付户助营。逃人若归,苗稼见在,课役俱免,复得田苗。"(内藤乾吉《西域发见之唐代官文书研究》引大谷文书2835号,载《敦煌吐鲁番社会经济资料》下册)按敕文规定,逃户还归,不仅不受罚,还可享受"给复二年"、"课役俱免,复得田苗"等种种优待,透露了逃户可以争取不还或迟还本贯的变通办法(参唐长孺《关于武则天统治末年的浮逃户》,《历史研究》1961年第6期)。这些措施,实际上保护了逃户这一重要的生产力资源。汪篯先生估计,天宝年间"逃户约在三四百万之间"(《唐代实际耕地面积》,《光明日报》1962年10月24日)。比天宝年间仅早40余年的武周时期逃户也不会是一个小的数字。可见逃户政策的重要性。

武则天对包括逃户在内的广大农民比较宽容和放任的政策，对当时的农业振兴起了良好作用。洛阳含嘉仓是当时使用的大型粮仓，已探出的 259 座粮窖中，第160 号窖中还保存有 50 万斤炭化了的谷物，出土的砖铭刻有调露、长寿、天授、[万岁]通天和圣历等年号，证明许多是武则天时入藏的。正反映出"均霜均露标胜壤，交

洛阳含嘉仓圣历二年刻铭砖

风交雨列皇畿"的农业丰收景象。在农业发展的基础上，商业也走向繁荣，长安三年(703)时，"天下诸津，舟航所聚，旁通蜀汉，前指闽越，七泽十薮，三江五湖，控引河洛，兼包淮海，宏舸巨舰，千轴万艘，交贸往还，昧旦永日"(崔融《谏税关市疏》，《全唐文》卷 219)。从当时社会财富的涌现，含嘉仓等大粮仓的丰实，商业的繁荣，人口稳定的增长，社会相对的安定，我们不仅看到了武则天及其经济政策的成功，也看到了一个相对繁荣昌盛的武周王朝。

政治上，女皇武则天为铺平自己的登基称帝之路，使用了酷吏滥刑种种手段，肆斩杀怖天下，但她"英才为我所用"的胸怀和极有特色的用人之道，也的确筛选出一批治国能臣，如狄仁杰、张柬之、姚崇、宋璟。这批治国能臣不仅为武周王朝的繁荣稳定发挥了巨大作用，有的还成为后来的开元名相，国家栋梁。

其他方面，如军事上屯田的成功，和长寿元年(692)复取安西四镇，在同吐蕃的长期争斗中，取得了重大胜利，开辟了而后一个世纪里经营大西北的前景(参王小甫《唐吐蕃大食政治关系史》，北京大学出

新疆吉木萨尔北庭都护府遗址

版社 1995 年)。万岁通天二年(697)一次给突厥"谷种四万斛,杂彩五万段,农器三千事,铁四万斤"(《资治通鉴》卷 206),应视为民族关系史上的一段佳话。社会安定,经济发展,疆域扩大,人民生活得到保障,仅以上几点,武则天开创的大周王朝在结束酷吏政治后,可以认为已经进入盛世了。唐代的盛世,我们是从 697 年计到 752 年的,不仅仅是开元的 29 年。而整个中国历史上,可以排出 14 个治世和盛世,真正的盛世其实就是大唐前期的这一个。武则天对此是做出了贡献的,盛世局面正是从她的治下开始的。女皇武则天所取得的业绩,足可以和任何一个男子皇帝比肩了。

在文化上,武则天执政时期更是一个创作繁荣、人才辈出的昌盛时期,不仅出现了以李峤、苏味道、崔融、杜审言为一派的"文章四友",还有时称"沈宋"的沈佺期、宋之问,他们是继王勃、杨炯、卢照邻、骆宾王号称唐初"四杰"之后的又一批在创作上取得成就的诗人群体。尤其是受到武则天推崇的陈子昂,以自己的创作和理论对唐诗革新做出了重大贡献。沈既济将这些杰出人物的出现和武则天的政策联系起来说:"太后颇涉文史,好雕虫之艺,永隆中始以文章选士,及永昌之后,太后君临天下二十余年,当时公卿百辟无不以文章达,因循遐久,浸以成风。"(《通典》卷15《选举三》)武则天对推动和发展大唐文学艺术是卓有建树,功不可没的。

无数出土文物证明,从开风气的武则天时代到唐明皇时代止,是人们尤其是妇女最讲究衣饰穿戴的年代。她们一个个精心打扮自己,穿戴起最漂亮的服饰,高耸的发髻,花样百出的面妆,低开的薄衫,微露的前胸,轻曼飘逸的披帛,修长的裙裳,云头高墙的鞋屐,抛开幕帏,撩起面纱,或结伴欢笑赴宴,或纵马驰骋游春,风姿绰约,体态阿娜。高居于皇帝宝座的武则天,穿着金光闪闪的簇金绣裙,雍容华贵,风度翩翩。那是一个开放的、浪漫的

永泰公主墓壁画《侍女图》

时代,一个让妇女拥有美丽,尽情享受人生的时代。

连那个时代留下的日用品和工艺品,哪怕就是一个金碗、一只玛瑙杯、一块绣绢、一尊彩绘陶俑和三彩陶俑,都像一篇美文、一首唐诗一样,那么精巧华丽,美妙绝伦,富有韵律。唤起人的想像和创造力的时代是美好的。这便是武则天时代乃至整个大唐盛世灿烂文化的魅力所在。

汪篯先生在论及武则天时说:"一、她帮助了普通地主的兴起,进一步打击了大地主,豪强地主;二、基本上消灭了关中地主的军事贵族的部曲、佃客制,为封建社会的进一步发展开辟了道路。仅凭这两点,就可以充分肯定武则天。"(汪篯《武则天》,《汪篯隋唐史论稿》第129

页)汪篯先生的见解是很有深度的,只有从历史的、社会的时代变迁中,我们才能看到一个富有激情、富有创造力、富有成就的武则天,也才能正确地评点她所创立的武周王朝。诚如郭沫若先生为广元皇泽寺则天殿撰写的楹联所言:"政启开元,治宏贞观。"

武则天推进历史,造福人民的功绩是应当充分肯定的。自然,她执政时,施用了酷吏和滥刑,给这段历史投入了无法抹去的阴影,可历史上哪一个改朝换代的帝王又能彻底摆脱这些阴影? 无论他们如何伟大,总是要不自觉地充当历史的工具的。

第十章

留恨面首——武则天与男宠

沉迷男宠，二张横行
五王政变，女皇谢幕

翻开中国历史,一个现象很令人吃惊:许多专制时代的皇帝,越到晚年,便越是专权,越是骄横,越是纵情享受。就以武则天之前的唐太宗和武则天之后的唐玄宗这两位圣明君主来说,也不例外。唐太宗大半辈子励精图治,崇尚节俭,开创了享誉史册的贞观之治。到了晚年竟也骄奢淫逸,全面倒退,服用丹药,猜疑大臣;唐玄宗年轻时也是一位有雄才大略的明君,到了晚年却追求享受,放纵奢靡,一日杀三子,国事如儿戏,终于导致了"安史之乱"的爆发,使充满朝气、充满活力的开元盛世,一下子从巅峰跌入了万劫难复的深渊。明君不明,这几乎成了君王们晚年的一个规律。

武则天也没有摆脱这个规律,和唐太宗、唐玄宗一样,人生的最后一幕上演了悲剧。

沉迷男宠,二张横行

复立庐陵王为太子时,已是高龄七十四五岁的老妇人武则天,仍没有把皇权交给儿子的打算,她依然把至高无上的皇权牢牢地把握在自己手中。也许此时的她,是怕过去因杀人过滥,树敌太多的宿怨,导致局势一旦失控,给她一个脑袋掉了还不知道怎么掉的结局。

只要手中有权,身边自然少不了献媚者和追随者,但谁是她能够信任的呢?儿孙们杀的杀、关的关,都得罪完了,恢复一个慈母、慈祥奶奶的形象谈何容易,不仅需要时间,她还必须让位,这对她是很痛苦的；娘家人中她没有亲兄弟，也就没有亲侄辈，原本还打算寄希望于异母兄长的儿子武承嗣、武三思等，但他们不得人心，现在已决定将来还天下于李姓，且武承嗣在复立庐陵王为太子后一个月就气绝身亡。亲姐妹中寡姐韩国夫人之子贺兰敏之也没有活成，除了一个被宠坏的女儿太平公主外，晚年的武则天膝下再没有与她共享天伦之乐的亲人。

至于宫中常见的宦官，不男不女的中性人，武则天内心是嫌恶的，史书上从未有她信任过任何一个宦官的记载。再就是朝里大臣中，谁又是她身边的亲信呢？几十年前帮她夺皇位的李义府、许敬宗一伙早死了，北门学士没杀的也都老得不中用了，狄仁杰、姚崇等一批与她关系良好的大臣，无不是谋划政权复归大唐的大唐忠臣。他们维护武则天和武则天器重他们都是出于为国的公心，而非私交，虽尊信为"国老"，却也难以成为朝夕相处的知音。晚年的武则天深深陷入孤独和寂寞中，每当退朝之后，这种孤独和寂寞就会像恶魔一样袭来。为填补内心的空虚，求助于男宠，似乎是她唯一的选择。

《武后行从图》(摹本)

正是这感情上国事上依赖男宠,给武则天招来了祸,不仅造成"五王政变",也落下了"淫妪"一类的骂名。

按照中国人传统的礼教和道德,死了丈夫的武则天应该终身守寡才对,皇后,身为国母,应该率先垂范恪守从一而终的为人妇之礼,怎么能在宫中公开侍弄男宠呢!反之,如果是丧偶的男皇帝,皇后死了,可以再续封,拥有三宫六院八十一女御都是天经地义,而女皇怎么说?即使是找一两个男宠陪伴,也算大逆不道的滔天罪行,这显然有失公允。其实在1300多年前的唐朝,皇帝位上的武则天按帝王设立后宫的制度在宫中蓄养男宠,并不是什么了不起的事,甚至是被当时的朝野还可以接受的事,被武则天宠信的二张入宫后,公开活动,结交大臣,"势倾朝野",就证明了这一点。

现在,就让我们看看武则天称帝后蓄养男宠的全过程,看看她是怎样一步一步被男宠们拖向灾难的深渊的。

从史书记载可以证实,在唐高宗去世的20年间,武则天身边同时不过留一个或两个没法给正式名分的异性伙伴。

武则天最早的男宠是怀义。怀义原名冯小宝,是洛阳市上的卖药人,因与唐高祖千金公主的侍儿有私,公主把他推荐给寡居有年的女皇帝,说:"小宝有非常材用可以近侍。"(《朝野佥载》卷5)为了便于怀义出入禁中,武则天便令其剃度为僧,于是,有了"嫪毐之宠"。武则天又令怀义与太平公主之夫薛绍合族,改姓薛,人称薛师。宗楚客讨好地称他"从天而降",是"释迦重出,观音再生"(《朝野佥载》)。垂拱初年(685),怀义为白马寺主,督作明堂、天堂,挥金如粪土。还被委任为大总管,统率军队出征突厥,官至最高的武将右卫大将军,封鄂国公。不过,后来他私下度有膂力的少年千人为僧,蓄养于白马寺,自己越来越厌入宫中。于是御医沈南璆成为武则天的新男宠,怀义又生愠怒,放火烧了自己好不容易督造的天堂和明堂泄愤。武则天顾念旧情,还为他遮掩隐讳,不仅不追究,仍命他重造明堂、天堂。

怀义因而更加骄倨,终于让武则天痛恶,太平公主奉命密选身强力壮的宫人数十以防之。天册万岁元年(695)二月的一天，太平公主乳母张夫人，一说是建昌王武攸宁，指挥壮士将他杀于瑶光殿，尸体载送回白马寺，其侍从僧徒被流放到远州僻地。而武则天第二个男宠御医沈南璆，因患了不治之症，不堪驱使，被弃之不用。

神功元年(697)，女儿太平公主为母亲又找来新的男宠，即"年少，美姿容，善音律"的张昌宗。张昌宗又称他哥哥张易之"器用过臣"，也拉进宫中一起服侍女皇，这两人就是最受武则天宠信，也最败坏武则天名声的"二张"。

张易之、张昌宗兄弟是中山义丰(今河北安国)人，出身寒门，在关中"新营庄宅，尚少田园"，没有根基。入宫后，武则天成天与他们游宴享乐，兄弟俩深得宠幸，连武承嗣、武三思、武懿宗等一班贵戚重臣都"候易之门庭，争执鞭辔，谓易之为五郎，昌宗为六郎"。郎是当时门生家奴对其主子的尊称，可见二张当时在朝中的尊贵显赫。宰相宋璟不肯随时俗称二张为郎，大臣郑善果感到太出格，宋璟奚落他：你又不是张易之的家奴，何必称他为郎？

圣历二年(698)，武则天为张易之设置控鹤监，又命张昌宗、吉顼、薛稷等为控鹤监内供奉。同时又命张昌宗和李峤为修书使，召张说、徐坚、沈佺期、刘知几、杜审言等26人在内殿修《三教珠英》。控鹤监在久视元年(700)改名为奉宸府，张易之为奉宸令。武则天设置这些机构，召人修《三教珠英》，无疑有遮人耳目，掩盖其荒淫生活的目的。

当时二张入宫受宠引起不少人羡慕，争先恐后跑来自荐。有个叫柳模的人推荐其子皮肤洁白，须眉美观；另一人侯祥则自荐其阳具壮伟，超过僧怀义，都要求入宫做奉宸内供奉，一时秽声溢于朝廷，闹得乌烟瘴气。

朱敬则出于义愤，直言上谏武则天：陛下内宠，已有怀义、张易之、张昌宗，总该够了，志不可满，乐不可极，应遵守前圣格言，能够节制而不可过度。难得武则天宽宏大量，没有怪罪朱敬则，且笑慰朱敬则对自己的关心。朱敬则的谏言也似乎起了一些作用,厚颜自荐之风销声匿迹了。

但是,控鹤监"颇用才能文学之士以参之",修书又"尽收天下文词之士为学士",又绝非虚设。30年前,她就曾以修撰为名,把刘祎之、万元顷等一批文学之士召入禁中,让他们参决政事,"以分宰相之权"。现在的做法和过去类似,也是想以二张为核心召集一批文士,形成一个新的亲信圈子,用以巩固自己的统治地位。在控鹤监供奉和修《三教珠英》的人中,确也有一些成为张易之、张昌宗的党人。

由于二张的受宠得势,朝中一些政治投机分子,出于攀结权贵,谋求自己政治地位的目的,主动依附二张,他们中有"以文才降节事之"的崔融、苏味道、王绍宗等;有"前托俊臣,后附张易"的郑愔;有"专以谀媚取容"的杨再思。武则天末年用的另一个宰相房融也和二张一党。

有了党羽,二张的势力便膨胀起来,他们"势倾朝野",武则天此时政事多委张易之兄弟,人们私下议论二张专政。

二张得势,自然引起了与朝臣在权力与利益上的矛盾。二张经常打击不顺从自己的大臣乃至王公贵戚,弄得关系十分紧张。久视元年(700)闰七月杨元禧兄弟三人被贬,就是因为"尝忤张易之";长安元年(701)九月邵王李重润等三人被杀,也是因为"窃议"张易之兄弟;特别是长安三年(703)九月的魏元忠案,更是闹得"长安城内,街谈巷议……人心不安"。

事情的过程是,魏元忠屡次顶撞张氏兄弟,斥之为"小人得在君侧",使武则天不悦。二张衔恨诬告魏元忠有谋反之言,武则天欲治罪,从宰相朱敬则到宋璟、张说、张廷珪、刘知几和武邑人苏安恒都奋起为魏元忠辩护,可武则天还是出于张昌宗的缘故,将魏元忠贬为高要尉,张说等人也受株连而流放岭表。

朝臣们终于无法忍受了,二张的横行和武则天的有意庇护,使他们感到当年滥刑下的厄运似乎又要临头了,攸关身家性命的利害关系迫使一些朝臣起来反击二张。举两例为证。

第一例是发生在长安四年（704）七月的张氏兄弟贪赃案。张易之兄弟共五人，生活糜烂，处事霸道，又借助权力大肆贪污。这年七月，他们贪赃不法之事败露，兄弟五人一齐下狱。御史大夫李承嘉和中丞桓彦范奏张昌宗应免官，武则天却借口张昌宗合药有功，将他赦免，并令复职。宰相韦安石又举奏张易之其他罪，武则天只好敷衍应付，敕令韦安石、唐休璟再行查问，可是她马上又改变了主意，在八月匆匆把韦、唐二位宰相改为外官，让他们离开京城，草草了结了这件案子。

第二例是同年十二月的张昌宗引术士占相被告发的案件。张昌宗被告下狱后，御史中丞宋璟和封全祯、李邕、桓彦范、崔玄暐、崔昪等以张昌宗"图天分，是为逆臣"为由，坚持问罪。特别是宋璟更是慷慨执言："法当处斩破家"，"若昌宗不伏大刑，安用国法！"武则天还想用对付韦安石、唐休璟的办法来对付宋璟，三次下敕要宋璟赴外差，而宋璟以"中丞非军国大事，不当出使"为理由顶着不走。武则天不得已，只好责令再对张昌宗审讯议罪，但最后还是"遣中使召昌宗特敕赦之"。宋璟怒不可遏，说："不先击小子脑裂，负此恨矣！"

通过这两个案例可以看出，到长安四年年底，朝中大臣与二张的斗争已经到了无法调和的白热化程度，而武则天也以自己的行为向朝臣们表明了甘冒天下之大不韪，不怕树敌，不怕引火烧身的顽固立场。一场生死存亡的斗争已经无法避免。至此，武则天也不会想到长安四年的十二月，是她坐在皇帝宝座上的最后一个寒冬。

五王政变，女皇谢幕

神龙元年（705）正月，在元宵节刚过的二十二日（癸卯），张柬之、桓彦范、崔玄暐、敬晖、袁恕己五人发动了一场军事政变，推翻了武则天建立的大周朝，拥戴唐中宗复辟归唐。后来张柬之等五人均被封王，所以这个事件史称"五王政变"。

　　说到五王政变的过程，还需从狄仁杰说起。狄仁杰虽然于发生政变前5年的久视元年（700）九月便去世，但他在生前受武则天重用为宰相时，陆续向武则天举荐了姚崇、桓彦范、敬晖、张柬之、崔玄暐、袁恕己等人，他们都是这次政变的核心人物，虽然不能妄断狄仁杰当时已有政变意图，但他的行为实际上起了最初的组织作用。

　　姚崇在政变前四个月出任灵武道大总管时，向武则天推荐张柬之为相。神龙元年正月他自灵武军还都，几天后便发生了五王政变，姚崇虽不在五王之列，却是个重要的幕后策划者。

　　张柬之在长安初年（701）接替杨元琰为荆州长史，交接时两人已经密谈了匡复之事。长安四年十月由于姚崇的推荐做了宰相，上任便抓军队，组织政变力量。张柬之是这次政变的主谋和实际指挥者。

　　参加政变的人，主要集中在三个部门：

　　一是在太子东宫和相王府供职的。他们是兼检校太子右庶子的宰相崔玄暐、相王府司马袁恕己、太子典膳郎王同皎，姚崇也曾多年为相王府长史。他们是李显和李旦的班底。

　　二是在刑部、大理寺、御史台等司法机构任职的。这些部门在铲除酷吏后，荟萃了一批明于执法的人才，大都是反对二张的。其中就有政变的组织者，前为秋官即刑部侍郎，时任宰相的张柬之，和一直任司刑少卿的桓彦范。此外，御史中丞宋璟、监察御史张廷珪、司刑少卿崔昪等执法部门要员也是公开反对二张的。

　　三是在中央禁卫军任职的。他们是右羽林大将军李多祚、左右羽林卫将军敬晖、杨元琰、李湛、薛思行、赵承恩等。"五王"之一的桓彦范亦有羽林将军衔。

　　政变前夕，他们还联络了太子、相王、太平公主和武则天外家的杨执一、杨睿交及洛州长史薛季昶等人，这一派中有不少人鄙薄二张，是比较正派的官僚。

　　政变的组织工作在长安四年十月张柬之做宰相后加紧了。他利用宰相职权，插手军队，把杨元琰、桓彦范、敬晖、李湛四人安插在禁军中，又暗中取得了"掌禁兵北门宿卫二十余年"的右羽林大将军李多祚的支持。

长安四年岁末，武则天病重，朝廷的形势顿时紧张起来，问题一下子集中到女皇武则天的继承人上。尽管二张没有觊觎皇位的资格，很难说他们是否"欲作乱，将图皇太子"，可洛阳城内风风雨雨，谣传"易之兄弟谋反"。就在这个时候，武则天却几个月不见宰相，惟张易之、张昌宗兄弟侍候在武则天的身边"居中用事"，这使朝臣们十分不安，不知二张会干出什么事来。

既然二张"入阁侍疾，潜图逆乱"，已在不久前审案中定论，于是崔玄暐出面奏请武则天用太子、相王侍服汤药，不让外姓人出入禁中，言外之意就是要把二张逐出宫中，但这一奏议未被武则天采纳。无论走司法程序，还是正常上奏都不能解决二张的问题，政变很快就提上日程。

神龙元年（705）正月，姚崇回到洛阳，最后密商了政变之事，桓彦范和敬晖把政变的消息暗中通报太子。至此政变的准备工作一切就绪，终于在二十二日这一天发难。

政变队伍自玄武门"斩关而入"，直奔武则天所在的迎仙宫，抓到张易之、张昌宗，当下就把这两个家伙杀了。这时张柬之向武则天解释他们的行动，只是"张易之、昌宗谋反，臣等奉太子令诛之"。随即又杀了二张的兄弟张昌期、张昌仪、张同休，把二张的党羽宰相韦承庆、房融以及崔神基、李峤、阎

姚崇像

朝隐、宋之问、杜审言等数十人贬流外地。政变达到了诛除二张势力的预期目的。

有的史书比较详细地记录了此次政变中某些戏剧性情节,读来饶有情趣,比如,当政变军队斩关而入,在迎仙宫将张易之、张昌宗二人杀死后,又直入武则天居住的长生殿,将她控制起来,并向她说明因二张谋反,奉太子令诛之。武则天无奈地对太子李显说:原来是你,人已杀了,你可回东宫去了。桓彦范上前说:天意人心,久思李氏,愿陛下传位太子,以顺人心。

面对这些逼她下台的政变首领们,武则天一一数落起来。她对当年她的亲信李义府之子,现为左羽林将军的李湛说:我待你父子不薄,今天你竟做出这种事来! 李湛被武则天说得羞愧难容,无以为答。武则天又责备崔玄暐:别人都是有人推荐才做宰相的,你可是我自己提拔的,怎么也干这等事? 崔玄暐回答:我这样做,就是为报答陛下的大德呀!

宰相姚崇当时的表现令人敬佩。当武则天要搬出长期居住和处理政务的迎仙宫时,他"独呜咽流涕",竟失声痛哭起来。桓彦范、张柬之等劝姚崇:今天岂是痛哭流涕的时候,恐怕您会因这引来灾祸。姚崇回答:我在则天朝为官做事已有很多年,今天面对有违我本心的场面,从内心感到伤痛,不是可以忍住的。昨天我同意你等诛杀二张凶逆,是做臣子的常理,岂敢言我自己的功劳。今天因辞违旧主而伤感流泪,也是做臣子的应守的忠节,如果因此而获罪,实在是心甘情愿的。事后,姚崇果然被放到京城外当了刺史。

从这些戏剧性的生动场面中,我们既可看到,当时在兵刃相向军士环卫之下,武则天仍不失女皇的从容风度和威严,也可看出这些政变的首领们自始至终对武则天是崇敬有加的。

政变次日,以武则天名义下《命皇太子监国制》,第三天武则天正式传位于太子李显,第四天唐中宗复位,这天是神龙元年(705)正月二十五日。

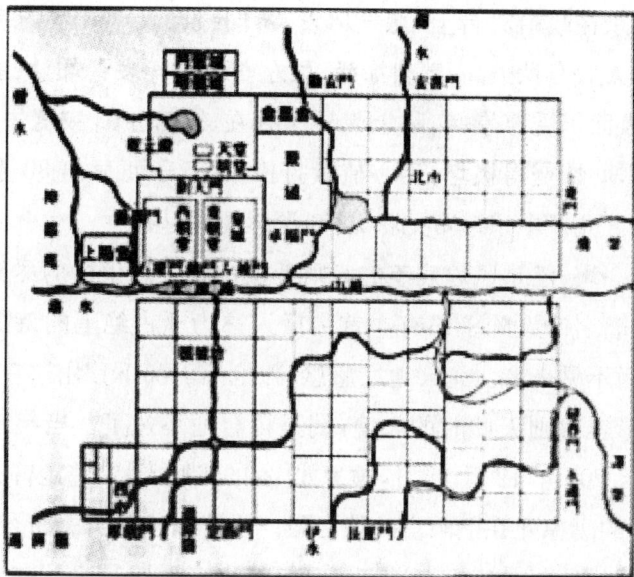

唐东都洛阳城图

　　唐中宗复位后的第二天，正月二十六日，武则天徙居位于洛阳宫城西南的上阳宫，很不情愿地离开了她当皇帝住了 14 年的宫城。次日，新复位的唐中宗，收敛了胜利者的凌人盛气，低姿态以孝子面目亲自率领文武百官到上阳宫向母亲问安，还为被废黜的母帝加尊号为"则天大圣皇帝"，在名位上依然享有皇帝的最高荣誉。不按惯例称太上皇而仍称皇帝，是有违"天无二日，民无二主"的古训的，唐中宗此举的真意，让人琢磨不透。

　　二月初一，唐中宗再次率领百官到上阳宫问候起居，以后每十天去请安一次。随着唐中宗的复位，恢复了唐的国号，郊庙、社稷、陵寝、百官、旗帜、服色、文字也都恢复了永淳（682—683）即唐高宗末年的旧制；又将武则天封的周庙七主迁出太庙，仍破格安置为长安崇尊庙。总之，随着大周王朝的废止，一切又重新回到十多年前的中宗时期。

　　尽管被废黜的武则天仍享有皇帝的名义荣衔，但对于她这样一位为追逐皇权拼搏了一生的政治人物，失掉皇权便失掉了生命中最为宝贵的东西，她立刻陷入不堪忍受的痛苦之中，骤然间衰老了，憔悴了。

当年她拼杀在政治舞台上，意气风发，所向披靡，以68岁的高龄而齿落更生，"太后春秋虽高，善自涂泽，虽左右不觉其衰"。但从皇位上下来后，虽表面仍受尊崇，实际上无异于处在软禁之中，寂寞失落之情，难以排遣，心情变得极坏，无心梳妆打扮，一下子便显出80多岁老妪的衰老相。儿子中宗皇帝见状大惊，深感愧对母亲。

精神一垮，已是风烛残年的武则天很快就走到生命的尽头。武则天时代的著名诗人陈子昂有一首被后人称为千古绝唱的诗歌："前不见古人，后不见来者。念天地之悠悠，独怆然而涕下！"用这首《登幽州台歌》来形容武则天此时的心境，倒是再合适不过了。当年十一月初二，即公元705年12月11日，虚岁82岁的武则天，带着她曾有的荣耀和临终前的凄凉死在上阳宫的仙居殿。临终前遗制："去帝号，称则天大圣皇后。王、萧二族及褚遂良、韩瑗、柳奭亲属皆赦之。"在这之前的长安二年（702）八月她已下诏大赦："自今有告扬州及豫、博余党，一无所问，内外官司无得为理。"随即又命苏颋清理滥刑冤狱。到长安四年末，一并赦免。被酷吏陷害的，连最早的也是最后的一批蒙冤者，也在她临死前被赦免得干干净净，她不愿再同他们结怨于阴间地下。

关于武则天的遗诏是否为武则天亲自口述或撰写，或出于她的心愿，历史上也多有争论。从当时的实际看，武则天确已处于被软禁之中，又加年老力衰，无权也无力去参与政事了。张柬之们出于维护中宗的至尊权威，恢复唐宗室的一切礼制及为蒙冤者平反的目的，假借武则天的遗诏，去掉其帝号恢复其皇后的本位是非常可能的。但我们还是宁信其真，不信其假，原因是：综观武则天的一生，尽管她为了追逐梦寐以求的皇权，对李氏宗室大开杀戒，甚至包括她的亲生儿女，杀的杀，关的关，但她毕竟是这个家族中的一员，她做过太宗的才人，也做过高宗的昭仪、皇后，她和高宗结为夫妻30多年，且生有四男二女，又辅助高宗朝执政20多年，总的来看相处和睦，深得高宗信任。她还是后来也成为皇帝的中宗李显、睿宗李旦的生母。她和这四位唐天子的特殊关系，使她无法摆脱李家王室的影响和牵制，也无法摆脱她是李家媳妇和母亲的本来地位和身份。

即使在她废唐立周后,她虽也可能想把这一切抛得一干二净,但她还是不能,在立储这个事关全局的大事上,她最终把未来留给李家子弟——她的儿子庐陵王李显,没有选择娘家人——她的侄子武承嗣。这件事让她意识到,她这一辈子是无法挣脱她是李家媳妇和母亲的血肉之缘的。

为人妻为人母,也许本来就是所有妇女无可选择的最后归宿,作为皇帝的武则天自然也不例外。顺着这个逻辑去思考,我们就有足够的理由验证武则天遗诏的真实性了,即使不是她亲口所述或亲手所写,但却完全符合她的心愿,她去掉帝号,回归皇后的角色,是一种天经地义的抉择,这是一种礼制的回归,感情的回归,本色的回归。让我们在这位一辈子争强好胜、能忍善断、刚烈专横,甚至残忍凶狠的女皇身上,还她一份女性特有的本色的柔肠温存吧!

第十一章

关于卢舍那的话题——武则天与佛教

情寄卢舍那
颁布《大云经》
弥勒崇拜及其他

武则天的一生中，虽不排斥儒道，却唯对佛教情有独钟。她屡屡借助佛教的力量，打通问鼎帝位皇权之路，也把自己的身影留存在佛教发展史上。

情寄卢舍那

在河南洛阳城南不远处，有一座闻名世界的艺术宝藏，即龙门石窟。这里两山对峙，伊水穿流其间，远望犹如一座天然门阙，故又称"伊阙"。龙门石窟最早开凿于北魏孝文帝迁都洛阳前后，历经东魏、西魏、北齐、北周、隋、唐、五代至宋，据统计，留下窟龛2100多个，造像10万余尊。1961年，国务院公布龙门石窟为全国重点文物保护单位。它与敦煌莫高窟、大同云冈石窟并称我国三大石窟。

在龙门石窟10万余尊造像中，最大的佛造像是西山最高处的奉先寺卢舍那佛坐像。本尊卢舍那佛通高17.14米，头部高4米，耳朵长1.9米，眉清目秀、体态丰满，眼光中流露出智慧的光芒，嘴角微翘，露出淡淡笑容。头部微微前倾，仿佛在深情地注视着朝拜者，令人觉得可敬可亲；同时大佛宏大的气魄，又使人有几分敬畏。在大佛两侧还雕塑了二弟子、二菩萨、二天王和二金刚。这些塑像各高10余米，体态各异，表情多变，或安详、或严肃、或凶猛。通过这些塑像的衬托，这尊大佛更显得庄严雄伟，气势不凡，令人顿生敬意。

我们之所以在这里详细地描述奉先寺卢舍那大佛，是因为它和绝代女皇武则天有着千丝万缕、不可分割的联系。

奉先寺大佛始凿于唐高宗时期，竣工于武则天时期。大像完成以后，在像前修建了一座很大的寺院，叫奉先寺。后来寺院被毁无存，便只剩下这尊举世无双的大佛。

武则天对卢舍那大佛的开凿十分关心重视，据奉先寺碑文记载，武则天为修大佛，"助脂粉钱二万贯"，并亲自主持了工程落成的"开光"仪式。武则天为什么如此看重凿立卢舍那大佛呢？要解开这个谜，就应当从武则天与佛教的关系说起。

武则天从小生活在一个笃信佛教的家庭中。她的母亲杨氏，后来被武则天追封为代国夫人，又进为荣国夫人，是一个虔诚的佛教信徒。陈寅恪先生在《武曌与佛教》一文中说："荣国夫人之笃信佛教，亦必由杨隋宗室家世遗传所致。"（载《金明馆丛稿二编》，上海古籍出版社1980年版，146页）她生前"敬崇正化，大建福门，造像书经，架筑相续"（彦琮《沙门不应拜俗等事》，转引自陈寅恪先生上文）。《宝刻丛编》卷8有《唐代国夫人开佛窟碑》："佛窟者……（北周）武帝时被毁，至唐代国夫人杨氏复开，而立之碑，以显庆二年立。"可证武则天的母亲就热衷于开佛窟造佛像。杨氏开窟立碑是在武则天第二次进宫被封为高宗昭仪之时，应与武家的地位改变有关。

被称之为"第一古刹"的少林寺，也有杨氏的扩建之功。据武则天的《赐少林寺僧书》称："弟子前随凤驾过谒鹫岩，观宝塔以徘徊，睹先妃（杨氏）之净业熏修之所，犹未毕功，一见悲凉，万感兼集。"《从驾幸少林寺·序》亦称："睹先妃营建之所，倍切茕衿，逾凄远慕。"武则天的父亲武士彟也拜佛。据《攀龙台碑》记，他在贞观中在荆州大都督任上时，"微属亢阳，颇伤时稼，帝乃亲往长沙寺迎阿育王像而祈焉，俄而油云勃兴，大雨洪澍"。

由于受父母影响，武则天从小出入佛门也就非常自然。由《大云经疏》"神皇幼小时已被缁服"可知，她在入宫以前，已有一度正式或非正式为比丘尼之事。武则天正式入寺是贞观二十三年的事，那一年因唐太宗去世，"嫔御皆为比丘尼"，做才人的她被发落到长安附近的感业寺为尼，为时一到二年。到显庆元年，武则天进入唐高宗后宫的第四或第五年，她生下第三子李显，高僧玄奘为其取法名"佛光王"，并频表贺。此外，至今依然保存在四川广元城郊的皇泽寺内菩萨装的武则天塑像，更是武则天信佛的实物佐证。

皇泽寺位于嘉陵江西岸江畔，上负悬崖，下瞰清江，与一江之隔的广元县城，遥遥相望。这里是全国重点文物保护单位。尽管由于1933年国民党政府修公路从寺院中穿行而过造成破坏，加上后来宝成铁路从这里穿过，皇泽寺的规模已大不如前，但仍存6个窟群，41龛，大小造像千余尊及五佛亭、小南海吕祖阁、则天殿等建筑，依旧气势不凡。

如今的皇泽寺建筑宏伟，楼阁明暗，依山而筑，巍峨耸峙，层层叠叠，十分壮观。则天殿是寺内的主体建筑，建于半山腰的一片开阔地，站在则天殿前可见静静的嘉陵江水从山下流淌南去。殿内供养着武则天的石雕描金塑像。像高2米，体态丰腴。值得称道的是此像的装饰竟无半点帝后的影子。既不见龙袍加身，也不见凤冠扣顶，而是一

四川广元千佛崖

身地地道道的佛门弟子装扮。她
头上戴的是一顶嵌有小佛像的宝
冠,是方形脸,面颊宽阔,与史载
吻合,两耳垂腮,身着长衫,胸饰
缨络,半臂披帛着裙,双手交叉于
腹前作禅定印。但她的神态、面
部表情,却不是佛门弟子常见的
那种平淡坦然、大慈大悲的宁静
平和,而是威严镇定、肃穆坚毅、
气度轩昂、雍容华贵,给人一种居
高临下、神圣不可侵犯的感觉。
武则天像不着龙袍着佛装,显然
是表现她自小敬佛,后又有在长
安附近的感业寺当过一段女尼的
经历,但她的眉宇间却流露出难

皇泽寺武则天像

以抑制的帝皇威严,不凡的气质风度。据《广元县志》记载,唐时则天
殿内便有武后石像,现存石像为五代时的作品,也已历千年之久。皇
泽寺极有可能为武则天之父武士彠在广元任利州都督时所建。

　　如果说,武则天上面这些活动,还只能说明她受父母的影响,从小
信佛和进行过一般性的佛事活动,那么资助兴建奉先寺卢舍那佛就不
仅仅是一般的佛事活动了,而是包含着很深刻的政治意图的。

　　中国宗教史证明,中国的宗教和外国不同,未曾取得以绝对权威
支配国家的政治地位,相反教权往往要服从于皇权。修建佛窟兴盛于
南北朝时期的北魏,而北魏佛教的一个重要特点,是带有强烈的国家
经营色彩,成为鲜卑族统治者提高皇帝地位,维护皇室权威的工具。
道武帝时僧人释法果,曾带头礼拜皇帝,宣称皇帝即当今如来,拜天子
乃是礼佛。文成帝兴安元年(452)造石像令如帝身。兴光元年(454),
又于五级大寺为太祖以下五帝(道武、明元、太武、昭穆、文成)铸释迦

立像五躯。这种情形,与"沙门不敬王者"之争甚嚣尘上的南朝不同。在北魏,是教权服从于王权并与政权紧密配合的。这是北魏佛教泛滥,佛教造像受到重视的一个重要原因(任继愈主编《中国佛教史》第3卷,中国社会科学出版社1988年版)。

龙门石窟的大规模造像,也是发生在北魏时期。《魏书·释老志》记载,景明初(500),宣武帝下令仿照代京灵岩寺石窟(大同云冈石窟),于洛南伊阙(龙门)为孝文帝和文昭皇太后营造石窟各一所。永平中(508—512)又为宣武帝造石窟一所。这三所石窟即现存的宾阳三洞。

从北魏文成帝开为帝王造像的先河,为帝王造像之风愈演愈烈,造成我国现存北方的大石窟多数与帝王、皇室有关。奉先寺卢舍那大佛就是在这种背景下开凿的。镌刻于佛座北侧面上的《像龛记》称:"大唐高宗天皇大帝之所建也……粤以咸亨三年壬申之岁四月一日,皇后武氏助脂粉钱二万贯……至上元二年乙亥十二月卅日毕功。"毫无疑问,碑文所记事实是可信的,那么一连串疑问就产生了,此像龛既是唐高宗所造,那么唐高宗为何而建? 为谁而建? 碑文中为什么要特

龙门石窟

别强调"皇后武氏助脂粉钱二万贯"？卢舍那大佛又有何指？

探讨这些问题就必然从这尊卢舍那大像本身开始。在佛教里卢舍那是释迦牟尼佛的报身佛，华严主尊，"相好稀有，鸿颜无匹，大慈大悲，如月如日"（《大卢舍那像龛记》），象征"佛光净满"、"光明遍照"。如果按照当时佛教界盛行的当今皇帝就是当今如来的逻辑，那么，这尊大佛当是为高宗所塑，然而，立在人们眼前的这尊卢舍那大佛其温存慈善的面容又分明富有女性的特征。由此，这不能不让人联想到"日角龙颜"、"方额广颐"的武则天的容貌。而成像的上元二年（675）唐王室早已是皇帝、皇后共同执政的二圣时期，"天下大权，悉归中宫，黜陟、杀生，决于其口，天子拱手而已，中外谓之'二圣'"（《资治通鉴》、《旧唐书·高宗纪》、《新唐书·则天武皇后传》同）。也正是在上元二年（675）三月，又发生唐高宗逊位事件，"时帝风疹不能听朝，政事皆决于天后。……帝欲下诏令天后摄国，中书侍郎郝处俊谏止之"（《旧唐书·高宗纪》）。逊位虽然中止，但武则天在宫中的权势和影响却是越来越大。在这种背景下，这尊堪称俊美第一，让天下人为之倾倒的卢舍那大佛，本来就是为武则天所立就成为可能，意指卢舍那就是武则天，武则天就是当今的卢舍那。

当然，这还仅仅是一种推测，但后来发生的许多事证实了这种可能性存在的合理性。在她称帝登基的那一年——天授元年正月七日夜，她敕僧等于玄武门北建立华严八会道场，与会者有僧尼数千，武后亲制《听华严诗》并序（汤用彤《隋唐佛教史稿》，木铎出版社1983年版，第207、316页）；又诏于阗僧人提云般若译《华严经·不思议佛境界品》1卷；在其登位的第九年，圣历二年（699），她又敕令实叉难陀等译了《华严经》80卷。武则天对《华严经》表现的这种异乎寻常的热衷，无不与卢舍那是华严主尊有关。尤其是她取名为"曌"，更是直接了当地诏告天下，她就是卢舍那的"分身佛身"，或者是卢舍那的"下生佛身"，总之她就是当今的卢舍那。因为"曌"就是梵字"卢舍那"（Vairocana）的字义，即天空中的日、月神的意思（古正美《贵霜佛教政治传统与大乘佛教》第 335 页,台北允晨文化 1993 年版)。分析至此,武则天造奉先寺卢舍那大佛的目的已十分清楚,这是她受高宗"逊位"的提示,向帝位冲击的重要步骤。

卢舍那大佛在龙门,武则天对龙门别有一番深情。天授元年(690)武则天采纳武三思建议,重修龙门香山寺。武则天曾登香山寺令群臣赋诗纪胜,诗先成者赐锦袍。从此,"香山赋诗夺锦袍"被传为佳话(见《洛阳文物与古迹》,文物出版社 1987 年版)。久视元年(700)武则天又在龙门东山为唐高宗李治修建看经寺,窟顶浮雕飞天,四壁浮雕 29 尊罗汉像(同上),以此为远在天堂的丈夫祈祷冥福。

造卢舍那大佛之后,特别是唐高宗去世之后,武则天向着帝位攀登的步伐明显加快,利用佛教,假借"天意"成为她改朝换代的重要手段。

颁布《大云经》

垂拱四年(688)五月,武则天加尊号"圣母神皇"。得悉这个要做女主改朝换代的明确信息,她在僧界的拥戴者们一齐动员起来,用佛教经典为她提供对抗男尊女卑的儒家理论的依据,辩护她以女主君临天下的合法性。围绕《大云经》发生的许多事便是例证。

历来看重的僧众上《大云经》之事,史传有误。《旧唐书·则天皇后纪》记载初元年(690)七月事,曰:

> 有沙门十人伪撰《大云经》,表上之,盛言神皇受命之事。制颁于天下,令诸州各置大云寺,总度僧千人。

《旧唐书·薛怀义传》曰:

> 怀义与法明等造《大云经》,陈符命,言则天是弥勒下生,作阎

浮提（入世）主，唐氏合微……其伪《大云经》颁于天下，寺各藏一本，令升高座讲说。

《新唐书·则天武皇后传》曰：

拜薛怀义辅国大将军，封鄂国公，令与群浮屠作《大云经》，言神皇受命事。

《资治通鉴》卷 204 天授元年条：

（七月）东魏国寺僧法明等撰《大云经》四卷，表上之，言太后乃弥勒佛下生，当代唐为阎浮提（入世）主，制颁于天下。

（十月）敕两京诸州各置大云寺一区，藏《大云经》，使僧升高座讲解，其撰《疏》僧云宣等九人皆赐爵县公。

上述记载均给人印象是怀义、法明等一批洛阳僧人为迎合武则天

敦煌遗书中的《大云经疏》

以女主君临天下所需伪造了《大云经》新译本。意大利东方研究所福安敦教授研究了敦煌文书 S.6502 号和 S.2658 号两个关于《大云经疏》的写本，指出：《疏》的作者所依据的公元四五世纪由昙无谶或竺佛念所译《大云经》从未被改动，"新译本"实际不存在。"僧人们进献给武则天的是一本独立的文书，一份对《大云经》第四卷中有关女王登基的预言部分所作的《疏》。《疏》为武则天以转轮王和菩萨身份当政提供了周详的佐证，故于公元 690 年敕令全国寺院传抄"。福安敦教授进一步论证：在人们一直深信不疑的《宝雨经》里却含有被加工过的预言部分。达摩流支于公元 693 年所译的《宝雨经》第一卷中的一节，不见于其他三个汉文译本，也不见于藏文译本，这一节是把《大云经》第四卷中有关女王登基的预言原文扩充后再插入《宝雨经》中后形成的，而且该节同《疏》中加工过的预言部分完全一致（《七世纪末中国的政治宣传和思想意识》，那不勒斯 1976 年。参斯特克曼·米切尔的书评，张元林摘译，载《敦煌研究》1990 年第 4 期）。

此前北宋赞宁和后来的王国维、陈寅恪等都已指出《大云经》并非伪经（唐长孺《北朝的弥勒信仰及其衰落》，载《魏晋南北朝史论拾遗》，中华书局 1983 年版）。章群教授亦认为："则天令法明等造《大云经》之疏，事或有之，其为女王之依据，恐系直接来自《宝雨经》。"（《唐代之胡僧》，《第二届国际唐代学术会议论文集》，台北文津出版社 1993 年）

澄清了这一历史错案，再看《大云经》为什么可以被利用作疏，并插入《宝雨经》中。《大云经》全称《大方等无想经》或《大方等大云经》，北凉昙无谶就有译本，其中有菩萨转世为天女当国王的经文，说佛告净光天女：大精进龙王夫人即是汝身，"汝于彼佛暂一闻《大涅槃经》，以是因缘，今得天身。值我出世，复闻深义。舍是天形，即以女身当王国土，得转轮王所统领处四分之一。汝于尔时实为菩萨。为化众生，现受女身"。经中还有黑河女主和谷熟城王之女增长"继王嗣……威伏天下，阎浮提中所有国土悉来承奉，无拒违者"（转引自陈寅恪《武曌与佛教》第 335 页，载《金明馆丛稿二编》）。这些属于大乘教的典籍，原来出自天竺,曲折反映古印度的社会政治特点,与中国无关,但既然这部佛经中写了女主的事,佛祖认为"女身当王国土""威伏天下",那么武则天当女皇帝就有了依据,天意所使,乃天经地义,无可非议。从佛经中,武则天终于找到了对付男尊女卑陈腐儒学的思想武器。武则天自然不会放过这个武器,于是在她登基称帝时,便颁《大云经》于天下,敕令两京及诸州大云寺,讲《大云经》。由此大云寺遍布全国,甚至远及西域,唐代宗宝应初西还的杜佑侄子杜环在他所著的《经行记》中写道:碎叶(今吉尔吉斯斯坦托克玛克)的"大云寺,犹存其川"。考古材料确证今国内西南、东南、西北许多地方都有大云寺遗址发现,在甘肃武威钟楼上可以看到一口高达2.4米的完好精美的大云寺遗物铜钟,形制与在今西安碑林的景云钟颇为相像,铸造年代前后相差不过一二十年。大云晚钟是古代凉州(今武威)八景之一,清乾隆十四年武威人张诏美所修的《武威县志》中,便有凉州八景题咏诗,其中第七景便是《大云晚钟》。可证在清代中期——乾隆年间武威城内还有大云寺。

弥勒崇拜及其他

大约在武则天颁《大云经》及《疏》时,由于《疏》中言"则天乃弥勒下生",武则天便对卢舍那的崇拜转向弥勒崇拜。其目的仍然是通过这种自我崇拜的方式实现改朝换代君临天下的目的。弥勒佛,弥勒是姓,为梵语的意译,意为"慈氏";名"阿逸多",意为"无能胜"。弥勒是星宿劫一千佛之代表。释迦牟尼选择弥勒作为接班人,预言弥勒将成为无上正觉,号称"未来佛"。竺法护译《佛说弥勒下生经》说:"弥勒出现,国土丰乐……尔时人寿极长,无有诸患,皆寿八万四千岁,女人年五百岁然后出嫁。"鸠摩罗什译《佛说弥勒下生成佛经》说弥勒下生后,"尔时阎浮提中常有好香,譬如香山,流水美好,味甘除患,雨泽随时,谷稼滋茂,不生草秽,一种七获,用功甚少,所收甚多,食之香美,气力充实"(《大正大藏经》第 14 册)。

　　武则天多么希望,她登基坐上皇帝的宝座时,人们会像欢迎下生的弥勒一样欢迎她,她也不乏真诚地向往着自己统治下的社会出现弥勒下生以后的美好和富丽。证圣元年(695)一月她一度在自己的尊号前加上了慈氏——弥勒的意译,称"慈氏越古金轮圣神皇帝",堂而皇之地以弥勒自居,但很快她又在二月里自己去掉了"慈氏越古"的字眼。表面上的原因是僧怀义火烧明堂给了她自况弥勒一个警告,实际上是她看到了自己称帝以来,仍需要靠酷吏政治来镇压"反武势力",在称帝前后的十年间,内外战火不息,现实情况与美轮美奂的弥勒世界相去何止十万八千里,于是,她降格以求,去掉了慈氏——即弥勒的封号,只保留了"金轮",退为统治人间的大王,改为菩萨形象。她要借此打消人们过多的期待,也要借菩萨的慈悲改善自己搞酷吏政治落下淫刑之主的不佳形象。古正美博士见告,武则天一生有过卢舍那崇拜、弥勒崇拜和菩萨崇拜三段,我们翘首以待她关于菩萨崇拜的研究成果发表。

　　关于明堂和佛教政治,福安敦和古正美教授的研究也得出相似的结论。福安敦教授已发现武则天和她的僧侣中精英组成的智囊团有实现政教合一的打算,明堂则是巧妙糅合印度和中国的君权观念,统一中印礼仪和宗教仪轨的产物。古正美博士认为,武则天修建的明堂并非传统的儒家所谓的正式的听政或布政场所,而是她的"转轮王僧伽蓝",即佛教政治发展总部。否则作为正式的听政场所,是不可能随意到"纵民入观"的。而且明堂的建筑仿照"阿育王僧伽蓝"一寺一塔的规模,是地地道道的颇具规模的"转轮王僧伽蓝",即武则天做佛教转轮王的信证。古正美博士举出武则天做转轮王另外的证据是她使用的尊号:长寿二年(693)加"金轮圣神皇帝",长寿三年(694)九月又加"越古金轮圣神皇帝",证圣元年(695)一月,又加"慈氏越古金轮圣神皇帝"。按大乘佛教经典《修行本起经》《大般涅槃经》等的说法,"转轮王"是统治人间的世界大王或王中之王,他的统治能使天下太平,百姓安乐。转轮王治世时必有七宝导从，第一即金轮宝，是最重要的治世信物，圣王以转金轮的方式降服四方天下，大乘佛教因此即称其圣王为转轮王。贵霜王朝的开创者丘就却是历史上的第一位佛教转轮王，佛教政治的创始者。武则天在自己的尊号上一次次地使用"金轮"这个字眼，就表示她要做女转轮王。她之所以特别青睐《大云经》，也是因为该经卷4有关于《净光天女授记》的故事：

> 天女！时王夫人即是汝身，是汝于彼佛暂得一闻《大涅槃经》，以是因缘今得天身。值我出世，复闻深义，舍是天形，即以女身当王国土，得转轮王所统领处四分之一。

这位前生是王夫人的女子，只因一次听了讲经的因缘便得了天下，为净光天女，未来还要做女转轮王，武则天用此事来影射自己所要推行的佛教政治事业，目的是合法化其为女转轮王的身份。

除她的尊号外，她频频改用的年号，如"天授"即是"天女授记"的意思，此外，"证圣"、"天册"、"通天"、"神功"、"圣历"都含有佛教内容，寓意君权神授。也就是让天下人都知道，她改朝换代，建立武周政权乃天意所授。

在武则天之前，"一代明君"唐太宗晚年亦重视佛教在中国的传播。贞观初年，高僧玄奘从长安出发，毅然西行，完成了到佛教圣地天竺求取佛经精义的壮举，后来唐太宗亲自为玄奘的译经写了《大唐三藏圣教序》。到了武则天时代，则把崇尚佛教推向了一个登峰造极的地步。为了改朝换代，

《大唐三藏圣教序》碑

韩国庆州佛国寺释迦塔

夺取政权,她利用佛教,兴师动众,大造舆论,大兴土木。她像变戏法似的不断地加尊号、改年号;她开石窟、造大佛、建明堂,耗资无算;她翻译《华严经》、颁布《大云经》,以佛法压儒法;她拜洛受图,奉迎佛骨,上演了一幕幕大戏。总之,她把一切传统的和外国的能用的政治手段都调集起来为自己服务,她真的可以称得上一个玩政治的高手了。正是由于武则天对佛教的无上推崇,推动了这一时期佛教中国化的进程,从思想、哲学到绘画、雕塑、音乐、舞蹈、建筑,独具特色的中国式佛教文化日益发展,从而全面丰富了中国文化。

说到这里,就不能不提另一件与佛教、与中国文化都有关的事。1966 年韩国新罗古都庆州市的佛国寺释迦塔内发现的一金铜舍利盒内,有一卷印刷的无垢净光的《大陀罗尼经》。这件经卷,按入藏年,应是公元 751 年以前的雕版印刷品。经文中有武则天所制的埊(地)、稺(授)、圀(证)、瑑(初)等字,明白无疑地告示了武周时代与印刷发明之间存在的某种关系。这件印刷品是否是武周时期印刷后带到新罗去的?抑或印刷术原本就发明于武则天时代?自然仅凭这一件印刷品还不足以回答这些问题的。而这一问题的回答,已决不是一个关系到武则天与佛教的问题了,而是人类文化史上的一件大事。

人们尽可以批评武则天在佞佛上的极尽铺张,但也应当看到即使在佞佛上,她也并非毫无节制,她曾借处理僧怀义一案,狠狠打击了僧侣中的妖妄邪恶势力;也曾听取了贤相狄仁杰的忠告终止了建造另一

无垢净光大陀罗尼经(局部)

个大佛像的计划,避免了一场劳民伤财的行动。这是否在告诉我们,
即使在佞佛这件事上,武则天也始终保持着一个卓越政治家以社稷为
重的几分清醒? 我们可以批评她从供奉佛骨到续建龙门石窟耗资无
算,却留下了顺陵石狮和卢舍那大佛在人间,而这些千年艺术瑰宝的
文物价值和艺术价值,又岂是金钱所能估量的! 让我们再一次去到龙
门吧,面对那历经千年风雨,而仍旧幸存于人间的卢舍那大佛像,去领
略它的高大、慈祥、俊美和神奇……

第十二章

盖棺难论定——武则天与历代史学家

魂归乾陵碑无字

盖棺难论定，史书说纷纭

永存的形象，永久的话题

魂归乾陵碑无字

武则天死后的第二年（神龙二年，即706年）正月，唐中宗亲自护送她的灵柩返回长安。五月，将其遗体安放于乾陵，与唐高宗合葬，实现了武则天死后归为高宗皇后的生前愿望。

关于自己的后事，武则天在临终前的遗诏中是有明确安排的："遗制：袝庙，归陵，令去帝号，称则天大圣皇后。"然而，在"归陵"问题上，朝中有人提出异议。给事中严善思反对"以卑动尊"，开陵合葬，说："乾陵玄阙，其门以石闭塞，其石缝隙，铸铁以固其中，今若开陵，必须镌凿………恐多所惊黩。"并说："修筑乾陵之后，国频有难，遂至则天太后权总万机，二十余年，其难始定。今乃更加营作，伏恐还有难生。"因此他提出"依汉朝之故事"，皇后不合葬，"于乾陵之傍，更择吉地……别起一陵"。唐中宗令"百官详议"，不见朝中有人附和，而且立即意识到严善思的奏议中有贬抑他母后的意思，便随即下令："准遗诏以葬之。"

葬礼庄严而隆重，葬仪上宣读了《则天大圣皇后哀册文》，对武则天的一生给予了无尚的颂扬，盛赞在高宗朝"皇曰内辅，后其谋咨"，高宗死时"亦既顾命"，继而"辞不获已，从宜称制，于斯为美。仗义当责，忘躯济厄，神器权临，大运匪革，宗祧永固"，称她"英才远略，鸿业大勋，雷霆其武，日月其文……四海慕化，九夷禀朔，沉璧大河，泥金中岳，巍乎成功，翕然向风"，这篇盖棺的册文，对武则天的褒扬可谓字字生辉，无以复加，它代表中宗的意愿，对母后一生功绩的肯定和颂扬。册文由时任国子司业崔融撰写。崔融为此呕心沥血，"思苦神竭"，哀册撰成，因哀伤过度，竟"绝笔而死"，看来是动了真情，以自己的生命为这位绝代女皇留下了一篇千古绝唱！

葬仪上用的挽歌，多为当时朝中的文人雅士所写，有宋之问写的："象物行周礼，衣冠集汉都。谁怜事虞舜，下里泣苍梧。"有崔融写的："宵陈虚禁夜，夕临空山阴。日月昏尺景，天地惨何心。紫殿金铺涩，黄陵玉座深。镜奁长不启，圣主泪霑巾。"写尽了天子与百姓同悲的哀情。

武则天一生喜好诗文，政事之余，时有吟声叠出，《全唐诗》中录有她创作的诗作 46 首，囊括了三言、四言、五言、六言、七言各体，其数量之多在所列的皇后诗中堪称第一，即使在全唐 21 位皇帝中也紧步喜好吟诗的太宗、玄宗之后。对于这样一位一生喜好诗文的才女，九泉之下理应有诗声相伴。

依礼，陵前自然少不了立碑，且碑文应由唐中宗亲自撰写，然而，令人费解的是，所立的一块可与唐高宗七节碑比高的石碑上却只字未镌。是中宗因母后的功昭日月，名震天下而难于言表？还是母子间一世的恩恩怨怨使他难以言清？总之，一块无字碑给后人们留下了一个永远难以说清的无字之谜。

随着葬礼的结束，绝代女皇武则天永远地留在了乾陵，留在了丈夫唐高宗的身边。

至此，武则天的一切应结束了，然而，令我们惊奇的是，关于武则天的一切又远没有结束。关于她的故事在延续，关于她的议论才刚刚开始。显然，她的一生本该引起人们极大的关注：

她是唐代乃至中国历史上唯一的一位女皇帝。

在大唐 21 个皇帝中，她是唯一一个以年过 60 岁的高龄而登基的皇帝，也是唯一一个以年过 80 岁的高龄而去世的皇帝，这种经历在漫长的中国历朝历代皇帝中也是屈指可数的。

她的执政时间,如果从辅佐高宗算起达半个世纪,她的儿子唐中宗也不讳言:"则天大圣皇帝,内辅外临,将五十载。"如此长的执政时间,在中国历代皇帝中屈指可数。

乾陵是中国历史上唯一一座两帝合葬墓;还有山西文水的则天庙、四川广元的皇泽寺、洛阳的龙门石窟中的卢舍那大佛、偃师的《升仙太子碑》等等,凡她居住过的地方都留下了她的踪迹,经过1700多年的风风雨雨,至今依然存在,供后人观览瞻仰,在历代皇帝中能有几个?

一个古代妇女创造了如此多的"唯一",这本身便是一种辉煌,一种神奇,一个永远让人回味无穷的故事。

盖棺难论定,史书说纷纭

让我们翻开历史,听听武则天死后关于她的故事和后人对她的褒贬议论。

谥号,体现了生者对死者一生功过的总体评价。武则天临终遗嘱:"去帝号,称则天大圣皇后。"中宗尊重母亲的遗愿,就以"则天大圣皇后"为武则天的谥号。睿宗继位后,追尊为"天后",景云元年(710)十月,又改为"大圣天后",延和元年(712)六月,再追尊为"天后圣帝"。到了睿宗的儿子唐玄宗时期,武则天的谥号又有了变化。玄宗开元四年(716)十二月,改为"则天后",天宝八载(749)六月,再改定为"则天顺圣皇后"。这些谥号的不断改变,证明了在中宗、睿宗、玄宗三朝,即武则天的儿子、孙子在位时,武则天一直享有受尊崇的地位,一般人是不便对她妄加议论的。

对武则天贬斥的议论开始于安史之乱之后。安史乱后,藩镇难作,唐王朝日见衰微。所谓女祸误国的议论渐兴,不少人站在维护李唐天下的立场上开始非难武则天。

到了唐玄宗的儿子唐肃宗时李泌奏章中说："天后方图临朝，乃鸩杀孝敬。"这是最早的关于李弘是武则天鸩杀的史料。尽管李泌说此话时并不是专门针对武则天的，而是为了当时的宫廷斗争，阻止张皇后忌害广平王李豫（唐代宗）而随意采摘传闻为故事来说服肃宗，但这个未经他考证的信口编的故事，竟以讹传讹成为后人攻讦武则天的口实。

约成书于大历末年（778 年左右）的刘肃《大唐新语》最早载入了模拟汉代吕后残杀戚夫人为人彘的故事，杜撰出武则天残杀王皇后、萧淑妃为人彘的情节，遂传为信史。书中也揭露了武则天时酷吏的猖獗，虽有夸张，但事出有因。

唐德宗建中元年（780）七月，沈既济奏议驳斥吴兢所撰写的国史中把武则天事列入本纪"是谓乱名"，"请并天后纪……别纂录入皇后列传"。在这份奏议中，他一面肯定"伏以则天皇后，初以聪明睿哲，内辅时政，厥功茂矣"，一面又说后来"太后以专制临朝，俄又废帝，或幽或徙，既而握图称箓，移运革名，牝司燕啄之踪，难乎备述"。闪烁其词，对武则天进行抨击。这种既对武则天的政绩和她开始掌权的合法性给以相当的肯定，又对她"体自坤顺，位居乾极，以柔乘刚，天纪倒张"的篡国行为备加斥责，成为后来历代士人评论武则天的一种基本模式。

更客气一点的，替她将过错推给别人。如唐宪宗元和元年（806）王泾辩称："属太后圣寿延长，御下日久，奸臣擅命，紊其纪度。"

也有突破上述评论模式的。唐代杰出的政治家陆贽于贞元八年（792）上奏的《请许台省长官举荐属吏状》中说："往者，则天太后践祚临朝，欲收人心，尤务拔擢，弘委任之意，开汲引之门，进用不疑，求访无倦，非但人得荐士，亦许自举其才。所荐必行，所举辄试，其于选士之道，岂不伤于容易哉！然而课责既严，进退皆速，不肖者旋黜，才能者骤升，是以当代谓知人之明，累朝赖多士之用。"对武则天执政时的用人政策备加推崇，甚至认为是应当仿效的典范。他的这个论断被后来的许多史学家接受并广泛引用。

贞元二十一年（805）唐顺宗诰有"九圣储祥，万邦咸休"之语，这"九圣"中仍列武则天在内。

唐文宗开成二年（837）任宰相的杨嗣复的看法与陆贽迥然不同。有一次，文宗问他："天后用人，有自布衣至宰相者，当时还得力否？"杨未作正面回答，说："天后重行刑辟，轻用官爵，皆自图之计耳。"言外之意是说武则天的用人全是为了达到她个人的计谋，显然他对武则天是没有好感的。稍后的孙樵也说"天后擅政……不可谓正"。也和杨嗣复一样持否定武则天的观点。

晚唐诗人李商隐写过一个劝武则天"屏去男妾，独立天下"的宜都内人，他一面提出："武后篡既久，颇放纵，耽内习，不敬宗庙，四方日有叛逆，防豫不暇。"一面又借宜都内人之口盛赞武则天："独大家革天姓，改去钗钏，袭服冠冕，符瑞日至，大臣不敢动，真天子也。"

五代后蜀孟昶在利州时为武则天重修皇泽寺新庙，立碑刻石，文中凡遇"天后"或"后"字时都顶格书写，有关敬语如"玄觊"、"神像"等词则空三格，尽显对武则天的恭敬之情。

后晋开运二年（945）刘昫等人修成《旧唐书》，把儒家信条作为品评历史人物的准则，"褒贬以言，孔道是模"。指斥武则天"夺攘神器，秽亵皇居"。"韦武丧邦，毒侔蛇虺"。自武后移国30余年，"朝廷罕有正人，附丽无非阴辈。……朋比成风，廉耻都尽"。用语极其尖刻，近乎咒骂一般，可《旧唐书》还是为武则天立了只有皇帝才能入的"本纪"，较详细地记载了武则天执政期间的事迹，最后以"史臣曰"作了总结性的评述："观夫武氏称制之年，英才接轸，靡不痛心于家索，扼腕于朝危，竟不能报先帝之恩，卫吾君之子。俄至无辜被陷，引颈就诛，天地为笼，去将安所？悲夫！昔掩鼻之谗，古称其毒；人彘之酷，世以为冤。武后夺嫡之谋也，振喉绝襁褓之儿，菹醢碎椒涂之骨，其不道也甚矣，亦奸人妒妇之恒态也。然犹泛延谠议，时礼正人，初虽牝鸡司晨，终能复子明辟，飞语辩元忠之罪，善言慰仁杰之心，尊时宪而抑幸臣，听忠言而诛酷吏。有旨哉，有旨哉！"只要稍加分析，文中除去骂人的话,对武则天指责最厉害的依然是用酷吏、施滥刑、残害幼女几件事,而褒扬的则是武则天保护忠良、扶正压邪等明智之举。总体看还是恪守了唐代对武则天有褒有贬的总评价。

唐代以后,对武则天的褒贬之争并未随着时间的流逝而中止,大有越演越烈之势。

宋代开国皇帝赵匡胤对武则天虽有指责却不无肯定,他说:"则天,一女主耳,虽刑罚枉滥,而终不杀狄仁杰,所以能享国者,良由此也。"但以后,随着专制主义中央集权的日益强化,尤其是宋明理学"三纲五常"说教的日益泛滥,世人对武则天的评价也就越来越坏。

宋仁宗嘉祐五年(1060)欧阳修等撰成的《新唐书》,旨在"垂劝戒,示久远",说"武后自高宗时挟天子威福,胁制四海",又"逐嗣帝,改国号",有莫大之罪。以"武后之恶,不及于大戮,所谓幸免者也"。但还是秉承宋祖的评论,承认她"赏罚己出,不假借群臣,僭于上而治于下,故能终天年,阽乱而不亡"。

由司马光编撰的《资治通鉴》,寓褒贬于叙事,搜罗武则天朝弊政材料,尤其以酷吏事叙述最详,但也偶有平心之论,如说:"太后虽滥以禄位收天下之心,然不称职者,寻亦黜之,或加刑诛,按刑赏之柄以驾御天下,政由己出,明察善断,故当时英贤亦竞为之用。"

到了南宋,理学大师朱熹亲为《资治通鉴》作纲,由他的学生作目,成《通鉴纲目》一书,专在褒贬大义上做文章,对武则天横加挞伐。他把武则天附在《唐纪·中宗》之下,注曰:"名曌,僭位二十一年,寿八十一岁。乘唐中衰,攘窃神器,任用酷吏,屠害宗支,毒流缙绅,其祸惨矣。"从用词即可看出,朱熹这位纲常礼教的倡导者和守卫者,对武则天是深恶痛绝的。

与朱熹同一时期的胡致堂对武则天的"罪行"列得更具体:"武氏之祸,古所未有也。……武氏以才人蛊惑嗣帝,一罪也;戕杀主母,二罪也;黜中宗而夺之位,三罪也;杀君之子三人,四罪也;自立为帝,五罪也;废高宗庙,六罪也;诛锄宗室,七罪也;秽德彰闻,八罪也;尊用酷吏,毒痛四海,九罪也。"但胡致堂与朱熹不同的是他还是说了一些公道话的,如他说:武氏虽肆行诛杀,而当时号为贤士则未有死者,惟所宠信邪恶之人,反多不免,如狄仁杰、徐有功、朱敬则、宋璟之徒则保护尤力,其与庸君远矣。"太后不以内嬖之私屈外庭之议,肯自抑断以伸正直之气,其与汉文听申屠嘉困邓通何以异哉!使其生为男子而临天下,其雄才大略殆与孝武等矣"。

南宋也有与多数宋儒否定武则天的不同之说,如洪迈在宋孝宗淳熙七年(1180)成书的《容斋随笔》中,认为武则天无须"使其生为男子"便可比汉武帝:"汉之武帝,唐之武后,不可谓不明。而巫蛊之祸、罗织之狱、天下涂炭、后妃公卿交臂就戮,后世闻二武之名,则憎恶之。"洪迈在这里把汉武帝和武则天并论等同,可谓入骨三分的标新立异之说。

到了明代,杰出的思想家李贽对武则天有更高的评价,他说:"试观近古之王,有知人如武氏者乎?亦有专以爱养人才为心,安民为念如武氏者乎?此固不能逃于万世之公鉴矣。夫所贵乎明王者,不过以知人为难,爱养人才为急耳。今观娄、郝、姚、宋诸贤,并罗列于则天朝,迨及开元,犹用之不尽;如梁公者,殊眷异礼,固没身不替也;宋璟刚正嫉邪,屡与二张为仇,武氏亦不过也。何也?贤人君子,固武氏之所深心爱惜而敬礼者也。"李贽又说:"武氏妒悍怙宠",但"其敢于肆毒与罗织诛杀宗室大臣几尽者,不过欲以箝天下之口,而使之不敢违异也"。他还指出:"武氏之罪种种,不容诛矣。独秽德彰闻一罪,差为可原。"李贽这种将私德与政绩分开的观点,在对武则天的评论中独树一帜。

明末清初的王夫之,愤世嫉俗,将南明的亡国恨迁怒于历史上的罪人,对武则天的批判最为激烈。他在清初撰成的《读通鉴论》中,称武则天"伪周",附于中宗之下,骂她是"嗜杀之淫妪",有"滔天之恶"。认为"武氏之恶,浮于韦氏多矣!鬼神之所不容,臣民之所共怨,万世闻其腥闻,而无不思按剑以起"。连她首创殿试取士,也说成是"夫武氏以妇人而窃天下,唯恐士心之不戴己,而夺有司之权,鬻私惠于士,使感己而忘君父,固怀奸负慝者之固然也"。在说到徐敬业、张柬之时,他写道:"夫以宗社之沦亡,而女主宣淫,奸邪窥伺,嗣君幽暗,刑杀横流,天下延颈企踵以望光复,此亦最易动之情矣。"但他还是承认:"陈子昂、苏安恒、李邕、宋务光、苏良嗣之流,犹得抒愊昌言而无所诎;乃至守正不阿、效忠不贰如狄仁杰、宋璟、李日知、徐有功、李昭德,皆列上位而时伸其志。其宣力中外者,则刘仁轨、裴行俭、王方翼、吉顼、唐休璟、郭元振、姚元之、张仁愿悉无所掣曳以立功名;乃至杨元琰、张说、刘幽求诸人同事俱起,而被害者不相及。奸邪虽执大权,终不碍贤臣登进之路……天下犹席以安也。"这位王夫子骂了武则天个狗血喷头,但一联系到具体人、具体事,他还是承认武则天时期还是人才济济,社会安定的!

王夫之之后,武则天备受清人的责骂。有说:"武氏匹妇为天子,其与匹夫而为天子者有以异乎?"(翟蔼《九畹史论》)还有人甚至认为武则天不但不应列入帝纪,亦不应列入后妃传,而应列入篡逆传。赵翼在他的《廿二史札记》中猛烈地指责了武则天的残忍好杀,说:"古来无道之君,好杀者有石虎、符生、齐明帝、北齐文宣帝、金海陵炀王;其英主好杀者,有明太祖,然皆未有如唐武后之忍也!""真千古未有之忍人也!"

至于钱大昕、王鸣盛均是当时有名的学者,在其论史著作中对武则天称帝均加谴责。清人所编的《纲鉴合编》、《通鉴御批辑览》之类的史书中,无不充斥着攻击、谩骂武则天的言词。

当然,在这一片责难、谩骂声中,也还有人是持"两点论"的,如那个赵翼在同一部书中,在指责武则天残忍好杀之后,也说了一些对武则天肯定的话,他为武则天宠信男宠辩解,是"区区帷薄不修",只属"末节"。"人主富有四海,妃嫔动至千百,后既身为女主,而所宠幸不过数人,固亦不足深怪"。他更是赞扬武则天知人善任,"自有不可及者","至用人行政之大端,则独握其纲,至老不可挠撼","不可谓非女中英主也!"还有一位王闿运在《湘绮楼日记》中这样说:"高宗昵情哲妇而治绩可观;武氏以一妇人而赋雄才,非易唐为周,固不足以伸其气,其虐害亦但止于缙绅及浮薄子弟称兵者耳。《唐书》遽以起兵誉徐敬业、越王贞、琅琊王冲,未为允论。"

综观清代史学界,仍是持批判武则天论者占绝对上风,弥漫着一股浓烈的彻底否定武则天之气。然而,历史仿佛是有意与这些梳着大长辫子的清人们开玩笑,就在大清王朝便又出了一位虽未称帝,却整整统治了清朝半个世纪的妇人,这便是慈禧。不过,他们终究不会意识到,这两个都曾权倾天下,红极一时的妇人,是根本无法相提并论的,她俩的区别,不仅在于一个称帝,一个没有称帝,而在于一个把中国帝制社会推向末日和崩溃,一个却把中国社会推向历史的极盛和辉煌!

永存的形象,永久的话题

由唐至清历代文人学者对武则天其人其事的议论和褒贬,纷纷扰扰,千年不绝,这本身便证明了武则天神奇人生所具有的强大生命力和吸引力。透过这些铿铿锵锵的议论之声,我们看到这些历史学家们,对武则天褒也罢,贬也罢,大都是从仁义道德观念出发,有许多甚至仅以她是个女性便论断是非。引起褒贬的焦点,总是围绕着武则天称帝、滥刑、用人、佞佛、淫乱这些内容争来争去,很少从包括社会经济在内的各项政绩上去全面、中肯地评述。由于受传统史学和历史的局限,我们没有理由去指责任何一位古代学者立论的偏颇,却不能不从唯物史观出发,以科学的态度、正确的方法予以纠正。

评论武则天这样一位辅政和临朝共达近 50 年的皇帝的功过是非,最重要的应看在她统治时期,社会经济是否得到发展,人民是否安居乐业,这才是褒贬的关键。关于这一点我们已经在前面的章节中做了全面的阐述。

值得欣慰的是，进入 20 世纪以来，武则天作为中国历史上一位杰出的女政治家的人生魅力和历史地位，越来越被人们认识和理解。随着郭沫若先生新编历史剧《武则天》的问世，和一批以武则天为主角的影视剧的频频出现，武则天正以一种鲜活多姿的形象真切地深入人们的视野。

其实，在民间百姓那里，武则天一直鲜活地存在于他们中间。在俗称姑婆陵的乾陵前无字碑上留有一首明代无名诗人的题诗："乾陵松柏遭兵燹，满野牛羊春草齐。惟

郭沫若著《武则天》

有乾人怀旧德，年年麦饭祀昭仪。"循着这诗声，我们仿佛看到了在年年麦饭时节，乡人们相邀结伴到陵上祭祀武昭仪的景象。在四川广元武则天童年生长的地方，每年正月二十三"武则天会期"，妇女们就会驾着船儿游荡在河湾，以此表达她们对则天的永久怀念。在洛阳龙门石窟的卢舍那大佛，年年岁岁，游人如织，人们面对这座高达 17 米的堪称人类文化艺术瑰宝的大像，在端详大佛温存慈善、富于女性魅力的面目时，总会浮想联翩，议论纷纷，莫非她就是武则天？我们相信，随着则天朝时期的文物不断出土，围绕武则天的话题会更加热烈起来。

武则天，一个永存的形象，一个永久的话题。

在全书即将结束的时候，我们才依稀意识到，其实，一切关于武则天的褒贬和议论都是多余的，人们何必在她的名字上面增加绚丽的光

广元嘉陵江上游河湾活动

环或带锈的镣铐！武则天原本就属于她自己，一个个性的唯一、历史的唯一、永远的唯一！

也许，这正是无字碑要告诉我们的！

附录

武则天年表

年代		武则天年龄、事迹	时事
618 武德元年		文水武家迁长安	隋亡,李渊建唐即帝位
620 武德三年		父武士彟娶杨氏	
624 武德七年	1	出生于长安	颁新令,定均田租庸调法
625 武德八年	2	武士彟任扬州大都府长史	
626 武德九年	3	武士彟改任豫州都督	玄武门事变,太宗即位
628 贞观二年	5	武士彟改任利州都督。袁天纲为武则天相面	李治出生
629 贞观三年	6		吐蕃王朝建立
630 贞观四年	7		俘颉利可汗,东突厥亡
631 贞观五年	8	武士彟改任荆州大都督	
635 贞观九年	12	武士彟死,归葬文水	太上皇李渊死
636 贞观十年	13		长孙皇后死
637 贞观十一年	14	被召入宫为才人,赐号武媚	
638 贞观十二年	15		颁《氏族志》定293姓,不叙武氏本望
643 贞观十七年	20		废太子承乾,立李治为太子

续表

年代		武则天年龄、事迹	时事
645 贞观十九年	22		太宗亲征高丽,不克
646 贞观二十年	23		日本颁诏大化改新
648 贞观二十二年	25	与入侍太宗的太子李治定私情	唐军克龟兹,设安西四镇
649 贞观二十三年	26	入感业寺为尼	太宗死,托孤长孙无忌、褚遂良,高宗即位
650 永徽元年	27	在感业寺与高宗见面对泣	俘车鼻可汗,突厥平,北边近 30 年无事。松赞干布死,吐蕃与唐争夺西域
651 永徽二年	28	二进宫为高宗昭仪	沙钵罗可汗自立,西突厥称雄西域。唐废安西四镇
652 永徽三年	29		立李忠为太子。户部计全国 380 万户
653 永徽四年	30	长子李弘出生	睦州女子陈硕真起兵败死
654 永徽五年	31	长女夭折	加赠武德功臣武士彟等 13 人官位。柳奭罢相。大食攻破波斯
655 永徽六年	32	次子李贤出生。劳勉请废王皇后立武昭仪的李义府。欲扑杀褚遂良未成。立为皇后,李勣主持册礼	柳奭外贬。韩瑗、来济谏阻立武昭仪为宸妃。褚遂良反对废王立武,罢相外贬。下诏废王皇后、萧淑妃为庶人

年代		武则天年龄、事迹	时事
656 显庆元年	33		废太子李忠为梁王
657 显庆二年	34	长子李弘立为太子	韩瑗、来济贬岭南。俘沙钵罗可汗,西域平
658 显庆三年	35		复置安西都护府于龟兹。创设制科
659 显庆四年	36	被委以政事,政归中宫,"二圣"时代开始	长孙无忌流放黔州,被逼自缢。于志宁免官。柳奭、韩瑗除名死。改《氏族志》为《姓氏录》,升后族为第一。诏山东大族旧姓十家不得自为婚姻
660 显庆五年	37		李忠废为庶人徙黔州
661 龙朔元年	38	表谏劝阻高宗亲征高丽	苏定方等攻高丽
662 龙朔二年	39		击败铁勒于天山,九姓定。立卑路斯为波斯王。来济与突厥作战阵亡
663 龙朔三年	40		李义府贪赃下狱流放。唐水军在白江口破日本、百济联军,平百济
664 麟德元年	41	因专恣险被废。此后垂帘上朝,参决大政	上官仪草诏废后,被诬与废太子李忠谋大逆,俱死,上官婉儿与其母没入宫为婢

续表

年代		武则天年龄、事迹	时事
666 乾封元年	43	禅地时登坛亚献。杀甥女魏国夫人。培植亲信北门学士	泰山封禅,官员赐爵加阶
668 总章元年	45		李勣攻克平壤,置安东都护府,高丽平
670 咸亨元年	47		吐蕃陷西域十八州,罢安西四镇。吐蕃大败唐军于大非川,吐谷浑地尽没
671 咸亨二年	48	外甥贺兰敏之因罪流放。恼怒李弘请嫁义阳、宣城二公主	
674 上元元年	51	与皇帝分别称天帝、天后。上书建言十二事	追复长孙无忌官爵。波斯王卑路斯入唐求保护
675 上元二年	52	太子李弘死。立次子李贤为太子	始设南选
676 仪凤元年	53		高宗苦风眩,议逊位或武后摄政。郝处俊、李义琰谏止。安东都护府撤回辽东故城
678 仪凤三年	55	百官四夷朝天后于光顺门	李敬玄击吐蕃,先胜后大败于青海上
679 调露元年	56		盗杀明崇俨。王方翼筑碎叶城。裴行俭送卑路斯子泥涅师回国未达

年代		武则天年龄、事迹	时事
680 永隆元年	57	废李贤,立第三子李显为太子	吐蕃尽据诸羌之地,西陷四镇
681 开耀元年	58	次女太平公主嫁薛绍	阿史那伏念来降,突厥平
682 永淳元年	59	孙子李重照立为皇太孙。指使谢祐杀零陵王李明	西突厥十姓反,王方翼苦战热海,平。高宗以关中旱蝗去东都,又霖雨,人相食
683 弘道元年	60	尊为皇太后	高宗死,裴炎受遗诏辅政,中宗即位
684 文明元年	61	令废中宗,立第四子李旦为皇帝,其长子李成器为太子,政事决于己,设帐临朝,"则天朝"开始。使丘神勣杀废太子李贤于巴州	徐敬业于扬州叛乱,李孝逸将兵三十万讨平。裴炎下狱死
685 垂拱元年	62	男宠薛怀义度为僧,任白马寺主	制官员百姓咸令自举
686 垂拱二年	63	命置铜匦,大开告密之门	
687 垂拱三年	64		刘祎之窃议归政被杀。破突厥于黄花堆。罢御史监军之制。岁饥
688 垂拱四年	65	加尊号"圣母神皇",称陛下。拜洛受图	以僧怀义为使建明堂。武承嗣献洛水瑞石为宝图。宗室起兵于博州、豫州,败。大杀宗室韩王李元嘉等

续表

年代		武则天年龄、事迹	时事
689 永昌元年	66	大享明堂,服天子服,为初献,皇帝、皇太子为亚献、终献。制新字。自名曌	杀汝南王李炜等宗室12人。韦待价击吐蕃,大败。僧怀义率兵讨突厥,不遇而还。黑齿常之下狱死
690 天授元年	67	策贡士于洛城殿,殿试自此始。颁《大云经》于天下。改唐为周,称圣神皇帝。敕西京及诸州置大云寺,讲《大云经》	杀舒王李元名、泽王李上金、许王李素节等。杀南安王李颖等宗室12人。傅游艺表请改唐为周,百官劝进。允许西突厥六七万人入居内地,避突厥侵扰
691 天授二年	68	制佛教升道教之上。官人咸令自举。杀反对改立武承嗣为太子的岑长倩等	诛丘神勣,流周兴,杀索元礼。追复李君羡官爵。李昭德杖杀上言废皇嗣的王庆之
692 长寿元年	69	引见存抚使所举人,全部任用,试官自此始。齿落更生,改元	狄仁杰等被罗告外贬。王孝杰破吐蕃,复四镇。追赠永徽中有翊赞之功的李义府、许敬宗等六人
693 长寿二年	70	杀皇嗣妃刘氏、窦氏。安金藏剖腹以明皇嗣不反,受感动,令救治。加尊号金轮圣神皇帝	裴匪躬、范云仙因私谒皇嗣腰斩。公卿以下皆不得见皇嗣。罢举人习老子,改习《臣轨》。遣六道使大杀流人

年代		武则天年龄、事迹	时事
694 延载元年	71	加尊号越古金轮圣神皇帝	突厥默啜可汗立，犯边
695 天册万岁元年	72	加尊号慈氏越古金轮圣神皇帝。僧怀义烧天堂、明堂，令充使更造，随即杀于宫中	铸成大周万国颂德天枢。吐蕃犯临洮。默啜请降
696 万岁通天元年	73	封神岳，赦免天下今年租税。答应送还河曲突厥降户，并给谷种、农具、铁	王孝杰与吐蕃战，大败于素罗汗山。契丹李尽忠反，曹仁师大败于硖石谷
697 神功元年	74	张易之、张昌宗入侍成为新宠	武懿宗治綦连耀案，族灭海内名士36家。王孝杰17万兵与契丹战，败死于东硖石谷。来俊臣罗告皇嗣和武氏诸王被弃市。契丹平
698 圣历元年	75	赏姚崇谏，结束滥刑。复立庐陵王为太子	默啜起兵扬言辅李氏，陷定州，围赵州。命太子为元帅讨突厥，默啜还漠北
699 圣历二年	76	生重眉。赴嵩山，谒升仙太子庙。命太子相王与诸武为誓文，铭铁券	置控鹤监。吐蕃内讧杀论钦陵
700 久视元年	77	遣胡超往嵩山投金简乞除武曌罪名。命张易之等修《三教珠英》	以西突厥斛瑟罗镇碎叶。改控鹤监为奉宸府。唐休璟大破吐蕃于凉州。狄仁杰去世

年代		武则天年龄、事迹	时事
701 长安元年	78	召见上疏的苏安恒,赐食慰问。处死窃议张氏兄弟的邵王李重润、永泰公主、魏王武延基,政事委二张	苏安恒上疏请还政太子。默啜犯边。郭元振为凉州都督,在边 10 年,军粮充足、牛马被野
702 长安二年	79	敕不再受理告发扬、豫、博起兵余党事。命苏颋复查酷吏旧案,昭雪甚众	初设武举。突厥犯盐、夏、并、代等州。太子、相王、太平公主表请封昌宗为王,不许,赐爵邺国公
703 长安三年	80		吐蕃求婚。默啜请以女妻太子之子。魏元忠指斥二张小人在君侧,贬为高要尉。吐蕃内乱,赞普器弩悉弄死于军中
704 长安四年	81	赦免因贪赃枉法下狱的张氏五兄弟。赦免引术士占相下狱的张昌宗。有病累月不见宰相	册斛瑟罗子阿史那怀道为西突厥十姓可汗。姚崇推荐张柬之,任为宰相
705 神龙元年	82	大赦非扬、豫、博三州及诸道造反魁首的罪犯。病重,二张居中用事,引起五王政变,去位,徙上阳宫。受尊号则天大圣皇帝,死于上阳宫,遗制去帝号	张柬之等五人挟太子政变,斩张易之、张昌宗五兄弟,中宗复位,复国号为唐
706 神龙二年		灵柩由唐中宗护送长安,开启乾陵,与唐高宗合葬	